高等职业教育改革创新系列教材

汽车维修接待实务

主　编　孙　丽
副主编　王世江　张　正
参　编　李　明　梅　钰

机械工业出版社

本书以汽车维修业务接待流程为主线,以汽车售后服务顾问岗位典型工作任务为核心,充分吸取了先进的服务管理理念,设定了汽车维修服务接待认知、邀请与预约、接待前准备、接待与沟通、维修与检验、交车与送别、回访与关怀 7 个模拟企业氛围的职业学习情境,采用任务式的教学模式和让学生做主的探究式教学方法,通过 28 个学习任务,研究如何为学生未来的汽车售后服务职业发展搭建综合的模拟工作平台,使学生具备职业关键能力。

为了便于读者自主学习,有效地提高学习效果,编者将相关视频制成二维码配在书中;同时,采用双色印刷以突出重点,方便读者阅读。

本书可作为高职高专院校汽车营销与服务专业的教材,也可作为相关专业及技术人员、汽车维修服务企业管理人员的参考书。

本书配有电子课件,凡使用本书作为教材的教师均可登录机械工业出版社教育服务网(www.cmpedu.com)注册后免费下载。咨询电话:010-88379375。

图书在版编目(CIP)数据

汽车维修接待实务/孙丽主编. —北京:机械工业出版社,2020.3
(2024.7 重印)
高等职业教育改革创新系列教材
ISBN 978-7-111-64778-2

Ⅰ.①汽… Ⅱ.①孙… Ⅲ.①汽车维修业-商业服务-高等职业教育-教材 Ⅳ.①U472.31

中国版本图书馆 CIP 数据核字(2020)第 027933 号

机械工业出版社(北京市百万庄大街 22 号 邮政编码 100037)
策划编辑:张双国　责任编辑:张双国
责任校对:李　杉　封面设计:鞠　杨
责任印制:郜　敏
北京富资园科技发展有限公司印刷
2024 年 7 月第 1 版第 6 次印刷
184mm×260mm · 12.75 印张 · 315 千字
标准书号:ISBN 978-7-111-64778-2
定价:38.00 元

电话服务　　　　　　　　网络服务
客服电话:010-88361066　机　工　官　网:www.cmpbook.com
　　　　　010-88379833　机　工　官　博:weibo.com/cmp1952
　　　　　010-68326294　金　书　网:www.golden-book.com
封底无防伪标均为盗版　机工教育服务网:www.cmpedu.com

前 言

"汽车维修接待实务"是汽车营销与服务专业的专业核心课程,是汽车营销与服务专业学生踏上工作岗位必须掌握的内容,具有流程严谨、操作性强等特点。本书将汽车维修服务企业的真实服务场景搬进课堂,激发学生汽车维修接待服务的实践兴趣,提高学生的自信心;以汽车维修接待流程为载体来设计教学,通过大量的话术示范、演示视频和情景模拟任务实施,使学生能自主学习与练习,获取知识与技能,提高综合职业能力。

本书为校企"双元"合作编写的教材,在编写过程中广泛征求了各相关院校和大量汽车维修服务企业服务经理、培训师及资深服务顾问的意见,并充分考虑了目前高职高专教学的特点和汽车维修服务企业对相关人才的需求,结合汽车领域的职业要求,注重知识和实践技能的有机结合,着重培养学生的"职业能力、方法能力、社会能力";与汽车服务实践工作紧密结合,以培养汽车服务实用型技能人才为出发点,满足汽车领域高素质技术技能型专业实用人才培养的需要。

本书由烟台汽车工程职业学院孙丽担任主编,由王世江和张正担任副主编。全书内容设定了7个学习情境、28个学习任务。其中,学习情境1中的任务1由王世江编写、任务2由李明编写、任务3由梅钰编写,学习情境2至学习情境6由孙丽编写,学习情境7由张正编写。烟台金德汽车销售服务有限公司刘家规对本书进行了审核。

本书在编写过程中参考了相关的资料和文献,在此对相关编、著者表示诚挚的谢意。本书在编写过程中得到了烟台金德汽车销售服务有限公司、烟台东联汽车销售服务有限公司、福利莱汽车维修有限公司等多家汽车维修服务企业的支持与帮助,在此表示衷心的感谢。

由于编者水平有限,书中不妥之处在所难免,敬请广大读者批评指正。

编 者

二维码索引

序号	名 称	二 维 码	页码	序号	名 称	二 维 码	页码
1	主动预约		32	9	客户交接		92
2	被动预约		33	10	增补项目处理		119
3	客户接待		62	11	通知客户交车		137
4	问诊及预检		63	12	展示服务结果		138
5	环车检查-铺设防护五件套		75	13	解释结算费用		144
6	环车检查-驾驶室内检查		76	14	陪同客户结账		145
7	环车检查-外观检查		83	15	交车送别		147
8	估价与制单		90	16	交车回访		169

目 录

前　言
二维码索引

学习情境1　汽车维修服务接待认知 ……………………………………………… 1
　　任务1　环境认知 …………………………………………………………………… 1
　　任务2　角色认知 …………………………………………………………………… 6
　　任务3　岗位认知 …………………………………………………………………… 11

学习情境2　邀请与预约 ………………………………………………………………… 20
　　任务1　预约准备 …………………………………………………………………… 21
　　任务2　制订预约计划 ……………………………………………………………… 27
　　任务3　电话预约 …………………………………………………………………… 31

学习情境3　接待前准备 ………………………………………………………………… 41
　　任务1　召开晨会、夕会 …………………………………………………………… 41
　　任务2　5S 管理 ……………………………………………………………………… 45
　　任务3　接待前准备 ………………………………………………………………… 53

学习情境4　接待与沟通 ………………………………………………………………… 58
　　任务1　接待与沟通准备 …………………………………………………………… 59
　　任务2　来店客户接待 ……………………………………………………………… 62
　　任务3　环车检查与问诊 …………………………………………………………… 70
　　任务4　估价与制单 ………………………………………………………………… 86
　　任务5　车辆救援服务 ……………………………………………………………… 95

学习情境5　维修与检验 ………………………………………………………………… 103
　　任务1　维修准备与派工 …………………………………………………………… 104
　　任务2　维修进度监控 ……………………………………………………………… 110
　　任务3　增补项目处理 ……………………………………………………………… 117
　　任务4　维修质量检验 ……………………………………………………………… 123

学习情境6　交车与送别 ………………………………………………………………… 133
　　任务1　交车准备 …………………………………………………………………… 134
　　任务2　交车说明 …………………………………………………………………… 137

	任务3	结算送别	144
	任务4	保修索赔	149
	任务5	保险处理	157
	任务6	异议处理	161

学习情境7　回访与关怀　167

	任务1	回访客户	168
	任务2	关怀客户	176
	任务3	抱怨处理	185
	任务4	投诉处理	191

参考文献　198

学习情境 1　汽车维修服务接待认知

随着我国汽车维修服务业的迅猛发展，汽车维修服务接待已逐步成为汽车维修服务企业经营管理的重要组成部分，汽车维修服务企业的口碑在很大程度上取决于汽车维修服务接待的服务质量。汽车售后服务是提高客户满意度和增加企业利润的重要环节，在汽车售后服务的工作中，汽车维修服务接待岗位是连接客户与企业的重要岗位。随着售后服务竞争的加剧和客户对售后服务工作的态度越来越理性化，众多的汽车品牌都针对售后服务制订了详细的工作流程和工作标准。其中，维修服务接待岗位专门负责客户的接待和车辆的维修安排，该岗位工作需要很多专业的知识和技能，一个合格的汽车维修服务接待人员（服务顾问）首先要清楚服务顾问这个岗位的职责、要求、角色定位和工作内容。

情境目标	1. 能够了解汽车维修的环境 2. 能够清楚地认知汽车维修服务接待岗位需要的知识、能力和素质要求 3. 能够清楚地认知汽车维修服务接待岗位的职责和工作内容 4. 锻炼自主学习分析能力、自我展示能力，培养团队合作精神与职业道德素养		
情境概述	汽车维修服务接待认知这一情境主要是让学生了解汽车维修服务接待的环境、岗位要求及工作内容，从而让学生真正了解汽车服务顾问角色，并以汽车服务顾问的角色开始本门课程的学习		
情境任务	任务1　环境认知 任务2　角色认知 任务3　岗位认知		
情境准备	人员准备	基本知识	1. 汽车基本知识 2. 汽车营销基本知识
		基础技能	1. 积极倾听 2. 认真学习
	工具准备	笔、本	

任务1　环 境 认 知

【任务目标】

1. 认知汽车维修服务接待的工作环境。

汽车维修接待实务

2. 认知汽车售后服务区的布局。
3. 了解汽车售后服务岗位的设置。

【任务导入】

刚刚毕业的小杨应聘成功，成为××汽车销售服务有限公司的一名服务顾问，非常兴奋。他一想到马上就可以在单位上班，心情就无比激动。当他走进汽车售后服务区，就感受到整个环境非常舒适。接下来，小杨的首要任务就是了解自己的工作环境。

【任务分析】

汽车维修服务接待是汽车维修服务企业与车主接触最多的岗位之一，企业通过服务顾问与车主接触和沟通，实现各项服务，涉及业务流程的各个岗位。因此，服务顾问首要的工作要求是要了解汽车售后服务企业的布局和组织结构，从而能够准确传递企业的服务信息，做好企业和车主之间的沟通协调工作，履行岗位职责。

【相关教学知识】

一、汽车售后服务区布局

◆ 做一做 请认真观察汽车销售服务企业售后服务区的布局。不同品牌汽车销售服务企业布局有哪些异同？

1. 汽车售后服务区外部

汽车售后服务区外部的主体构造物一般为品牌商标柱，包括主标识牌、商标标识、旗帜、徽章、服务指示牌等，品牌商标柱后就是维修车辆专区（图1-1）。

> **多学一点 汽车售后服务区布置要求**
> 1. 定期清洁服务区外部主标识牌、店门、墙面、徽章、指示牌等。
> 2. 室外导向牌等引导标识明显。
> 3. 保持接待区外部地面整洁、无杂物。
> 4. 保持客户专用停车场干净整洁、画线清晰、指示牌洁净。
> 5. 接车区、待修区、车间、竣工区、交车区方便停车。
> 6. 营业时间标识明显。

2. 汽车售后服务区内部

不同品牌汽车的售后服务区的布置总体要求及功能大致相同，只是细节有所不同，汽车售后服务区布置的要素必须遵循品牌形象相关标准，地面、桌椅、内外墙面、玻璃墙等应干净整洁，无杂乱饰品。为方便客户，汽车售后服务区内部各功能区、服务区的出入口须有规范、醒目、温馨的指示牌或提示牌（图1-2）。

图1-1 汽车售后服务区外部

图1-2 汽车售后服务区内部

(1) 汽车维修接待区 汽车维修接待区应相对独立,以满足客户私密性的需求,舒适的环境能让客户有宾至如归的感觉(图1-3)。该区的设置要遵循以"真诚"和"人情味"对待客户的信息交流原则,让每一位客户体验到热情、持久、诚信的服务。

(2) 汽车维修前台 汽车维修前台是服务顾问与其他服务人员进行服务沟通的地方。汽车维修前台可实现后台支持系统与前台的协作(图1-4)。

图1-3 汽车维修接待区

图1-4 汽车维修前台

(3) 汽车维修车间 汽车维修车间(图1-5)是企业的技术核心区域,维修技师和相关设施/设备在此为车主服务。整洁的工作环境,严谨的工作秩序,规范的操作行为,可以使客户建立对企业的信心,消除客户的疑虑,提高客户的满意度。

(4) 汽车配件库房 汽车配件库房(图1-6)属于后台服务运营系统,一般不与车主发生接触,但备件供应得是否及时准确,同样关系到客户的满意度。

(5) 客户休息区 客户休息区设置在汽车维修车间附近。目前大多数汽车维修服务企业都采用了开放式的互动休息区,客户可以通过查询台和透明的玻璃墙清晰地看到爱车的维修情况和步骤。客户休息区的环境、气氛、设施以及服务人员提供的服务直接影响车主对企业服务的评价,使用模块化和温暖的家具能增加亲和力,让客户在轻松愉快的氛围下度过舒适的等待时光(图1-7)。

图1-5 汽车维修车间

图1-6 汽车配件库房

（6）客户服务中心　客户服务中心（图1-8）的设立是企业将高接触服务向低接触服务的一种延伸。通过客户服务中心，企业可以采用多种方式传递服务信息，为客户提供便利、快捷、准确的服务。

图1-7 客户休息区

图1-8 客户服务中心

二、汽车售后服务区的布置和环境氛围

◆ **想一想**　如何布置售后服务区才能让客户感到舒适、温馨？

汽车售后服务区是汽车维修维护实施及完成的场所，为了体现汽车品牌文化并感染客户，汽车售后服务区在照明、温度、绿化、背景音乐方面都有相应的要求：

1）各种指示牌应指示明确。
2）停车场应有醒目标志，且畅通无阻。
3）停车场应清洁，无烟头、痰迹、积水、杂物。
4）业务区应整齐、清洁，各种标示应明确。
5）客户休息区应清洁，电视、茶几、报架等设施应整齐。
6）洗手间应无异味，有卫生纸、洗手液。
7）室温恒定，一般应维持在 (23 ± 3)℃。

多学一点　汽车维修服务企业售后服务组织结构图

汽车维修服务企业售后服务组织结构图如图1-9所示。

学习情境1　汽车维修服务接待认知

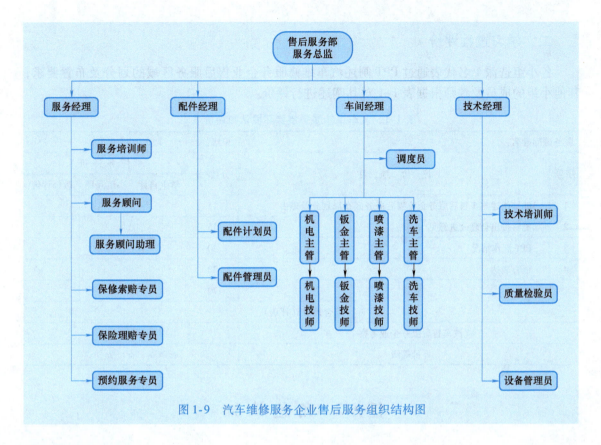

图1-9　汽车维修服务企业售后服务组织结构图

【任务实施】

根据汽车维修服务企业售后服务区的布局，组织同学分组参观各个区域，每组派代表阐述各个区域的作用及布置要求。

【评价反馈】

一、学习效果评价

1. 汽车售后服务区外部设置有什么要求？

2. 汽车售后服务区内部设置了哪些区域？

3. 汽车售后服务区对环境氛围有什么要求？

汽车维修接待实务

二、学习过程评价

各小组选派 1 名代表通过 PPT 阐述汽车维修服务企业售后服务区域的划分及布置要求，其他小组的成员及教师根据表 1-1 对其阐述进行评价。

表 1-1　汽车维修服务接待环境认知评价表

服务顾问姓名：			班级：			
序号	评价项目	分数/分	任务评价			
			学生自评	小组互评	教师评价	
1	能够阐述汽车售后服务企业售后服务区布局划分及理由	15				
2	能够提出合理改进意见	15				
3	PPT 制作情况	20				
4	语言表达	20				
合计		70				
综合评价（评语）						
汽车售后服务企业考察						
评价等级			☆　☆　☆　☆　☆			

任务 2　角色认知

【任务目标】

1. 熟悉汽车维修服务接待的作用。
2. 了解客户对汽车维修服务接待的期望。
3. 掌握汽车维修服务接待人员应具备的能力、知识和素质要求。

【任务导入】

进入公司后，小杨被分配到汽车售后前台接待客户，那么，要想成为一名合格的汽车维修服务接待人员应具备哪些基本素质呢？

【任务分析】

汽车售后服务是指汽车作为商品销售出去以后，由生产商、销售商、维修商、配件商等服务商为客户及其拥有的汽车提供的各方面服务。随着汽车制造技术的不断更新，汽车产品也逐渐成熟，同档次、同价位的汽车在技术含量及整车质量上已相差无几，因此，汽车品牌要在汽车市场立足，售后服务就成了竞争的主打战略王牌。提供差异化服务是营销战略核心内容，可以创造个性化品牌，以产生关联性市场效应。汽车市场已从产品的竞争转向服务的竞争。汽车维修服务接待可带动并协调各个管理环节，有利于提高工作效率；也可以作为企业与客户之间的桥梁，协调双方利益，增加双方的信任度，从而维护好客户关系，提高企业的经济效益和社会效益。

学习情境 1　汽车维修服务接待认知

【相关教学知识】

一、汽车维修服务接待的作用

客户来维修车辆，首先进入的是维修接待大厅，第一个接触的就是汽车服务顾问（SA）。服务顾问的服务水平和素质，影响着客户是否信任这家企业。服务顾问对维修业务能否开展有着至关重要的作用，具体表现如下。

1. 服务顾问是联系客户的纽带

汽车售后维修技师与要维护、维修车辆客户之间的业务活动，主要是通过服务顾问来实现的。服务顾问要能针对客户的要求，快速而准确地提供超过其预想值的服务，最大限度地提高客户满意度。服务顾问在汽车售后服务中做的是直接面对客户的前方服务工作，同时协调后方维修服务工作，是客户和后方维修服务之间的纽带。

2. 服务顾问代表企业的形象

汽车维修服务企业的形象主要是由企业精神、企业效率、企业信誉及经营环境等体现的。良好的企业形象会使客户对企业产生深刻的认同感和信任感，进而转化为巨大的经济效益。客户接受服务时，总是把服务顾问服务质量的高低作为衡量企业形象好坏的标准之一。在客户印象中，服务顾问的语言、举止、待人接物态度、服务水平等就是企业的形象。

3. 服务接待水平体现企业的整体水平

汽车维修服务企业的技术和管理水平都可以从服务顾问身上反映出来。服务顾问在接车、估价等过程中表现出的解决问题和处理问题的能力，体现了企业的技术水平。服务顾问从接车到交车的全过程中所表现出的工作条理性和周密性，体现了企业的服务水平和管理水平。

4. 服务顾问的工作质量影响汽车维修服务企业售后效益

服务顾问是服务行业实现现代化管理的重要岗位，服务顾问的设立，充分体现了汽车维修服务企业的经营管理日趋完善。服务顾问的设立，协调了各个服务环节，明确了职责，提高了工作效率，使客户利益与厂家利益基本一致，增加了双方的信任感，维护了客户关系，提高了企业的经济效益和社会效益。所以，服务顾问的工作质量、服务水平、维修估价、收费结算过程等，都会直接影响汽车维修服务企业的信誉、收入和效益。

二、客户对汽车维修服务接待人员（服务顾问）的期望

◆ **想一想**　你去汽车维修服务企业对汽车进行维护时，对汽车维修接待人员有哪些期望？

在进行车辆维修和维护时，客户往往有自己的内心期望，经过调查，这些期望主要包括：维修时间、汽车维修服务企业技术服务能力（车辆的维修质量）、汽车维修服务企业对人服务能力（与客户的沟通能力）、便利性成本（价格、时间、位置便利性）。

1. 维修时间

客户对时间的关注点主要有：服务的时间和客户的期望时间相比是否过长；维修或维护结束后，服务顾问能否在第一时间联系客户；维修花费的时间、用在填写书面文件及提车上的时间、等待被服务顾问接待的时间是否过长。

2. 汽车维修服务企业技术服务能力

客户在技术服务能力上主要关注3件事情：一是车辆维修维护后是否还出现问题；二是是否给做了一些免费的检查项目；三是车辆维修维护后是否干净。客户希望经过维修后的车辆能消除所有的故障，并且车辆已经清洗干净（按照车辆清洗规范），停放在规范的待交车区。

3. 汽车维修服务企业对人服务能力

客户在对人服务能力上主要关注以下事项：服务顾问能否知道客户的具体需求，是否能确保客户的需求都能得到满足；服务顾问是否介绍了与客户的服务需求相关的服务优惠，是否提供了有价值的服务体验和合适的服务价格；服务顾问是否解释了（按照客户需要的程度）维修费用明细和已经完成的服务项目；在将车辆送去维修前，服务顾问是否陪同客户一起对车辆进行了环车检查；客户是否收到提醒去维护的电话或短信，安排服务的方式是否合理；服务顾问是否了解客户车辆以前的维修或维护情况；是否有人会告诉客户自己的车会在什么时候维修维护好；服务顾问是否与客户一同检查已完成维修或维护工作的车辆；服务顾问是否对客户充满热情和谢意；服务顾问是否会在维修后再次联系客户，了解对于这次服务经历的看法，征求客户的改进意见。

4. 便利性成本

在便利性成本的期望值上，客户主要关注：汽车维修服务企业地理位置是否便利；维修价格和价值是否匹配，费用是否合理，是否让客户感到物有所值，费用和预期相比是否超出了很多；提供可选择的维修时间是否方便等。

汽车维修服务企业和服务顾问必须认真分析客户期望，才能更好地提高客户的满意度，从而增加来店的车辆数，增加售后产值。

三、汽车维修服务接待人员职业素质的要求

◆ **想一想** 汽车维修服务接待的岗位招聘条件有哪些？

1. 汽车维修服务接待人员的知识要求

当今，汽车行业竞争已经逐步从产品本身的质量竞争转移到售后服务质量的竞争，客户满意度已经成为衡量汽车品牌影响力的主要指标。想要在汽车市场竞争中立于不败之地，就必须有一套完备的售后服务制度，并拥有高素质的汽车售后服务人才队伍。训练有素的服务顾问不仅可以成为企业和客户有效沟通的桥梁，更会给企业带来丰厚的社会和经济效益。

现代汽车售后服务对服务顾问提出了越来越高的要求，不仅要求服务顾问具有较强的沟通能力，同时需要他们具有扎实的汽车专业基础知识和其他相关知识。

（1）**汽车维修服务流程** 包括：预约服务、客户接待、问诊与预检、环车检查、估价与制单、维修作业、竣工检验、结算交车、跟踪回访服务等。

（2）**服务接待礼仪** 包括：基本礼仪、电话礼仪、接待技巧、倾听的技巧、观察的技巧、提问的技巧、沟通的技巧、处理异议的技巧、处理客户投诉的技巧、接待投诉客户的技巧、处理客户愤怒情绪的技巧等。

（3）**客户关系管理（CRM）** 包括：客户关系管理概述、客户关系管理内容、客户关系管理理念、客户关系管理意义、客户满意度与客户关怀、客户满意度分析、客户满意度因素、客户关怀的基本原则和要点、客户与企业关系的处理、客户档案管理、会员折扣管理、会员积分管理、跟踪回访管理、紧急救援管理等。

(4) 汽车专业知识 包括：发动机构造与常见维修项目、底盘构造与常见维修项目、电气系统与常见维修项目、钣金喷漆及常见维修项目、汽车维护项目、汽车检验知识、汽车新技术、汽车美容装饰项目及销售技巧、汽车维修维护知识及话术、汽车维修设备介绍等。

(5) 汽车配件管理 包括：汽车配件基本知识、配件分类和标识、汽车配件的编号、汽车配件成本核算方法、汽车配件合理科学的管理、汽车配件耗损规律、汽车配件质量鉴别方法、假劣配件的鉴别方法、汽车配件的修复与更换原则、配件的采购和进发货管理、库房管理等。

(6) 维修合同和财务结算 包括：维修合同的特征与作用、汽车维修合同的主要内容和填写规范、维修合同的鉴证与仲裁、财务结算、基础财务知识、汽车维修价格结算基本知识、结算常用单据等。

(7) 事故车辆保险代赔服务 包括：汽车保险产品介绍、商业险常用险种分析、保险方案选择、投保注意事项、理赔的特点、汽车保险理赔的作用、索赔服务的基本原则、汽车保险索赔程序、汽车保险免赔条款、事故车辆保险代赔流程、保险理赔车辆接待流程、保险车辆出险索赔流程等。

2. 汽车维修服务接待人员的能力要求

服务顾问在接待客户和车辆时应能做到以下几点：
1）具备严肃、认真的工作态度和良好的服务意识。
2）能够引导和受理客户的车辆维修服务预约。
3）具备良好的沟通及人际交往能力，能够完成维修车辆客户的登记和接待工作。
4）能够完成客户车辆的初步故障诊断工作，能够与客户达成维修协议（维修委托书）。
5）能做好车辆维修后的电话服务跟踪，并做好信息收集和反馈工作。
6）具备良好的组织协调能力，能够向维修技师传达客户的想法，准确描述车辆的故障形态，分配维修工作任务。
7）能圆满完成面向客户的交车工作，并能向客户解释维修的相关内容和费用，使客户满意。
8）能够完成客户档案的建立、完善等工作。
9）能够正确处理投诉客户的抱怨，达成使客户满意的处理意见。

3. 汽车维修服务接待人员的素质要求

(1) 基本素质要求
1）遵纪守法。
2）维护企业利益。
3）保护客户利益。

(2) 品格素质要求
1）具有忍耐与宽容的品格。
2）不轻易承诺，说到就要做到。
3）勇于承担责任。
4）拥有博爱之心，真诚对待每一个人。
5）谦虚。
6）有强烈的集体荣誉感。

(3) 技能素质要求

1) 具有良好的语言表达能力。
2) 具有丰富的行业知识及经验。
3) 具有熟练的专业技能。
4) 具有优雅的形体语言表达技巧。
5) 思维敏捷,具备对客户心理活动的洞察力。
6) 具备良好的人际关系沟通能力。
7) 具备专业的客户服务电话接听技巧。
8) 具有良好的倾听能力。

(4) 综合素质要求

1) 具有"客户至上"的服务观念。
2) 具有独立处理工作的能力。
3) 具有分析解决各种问题的能力。
4) 具有协调人际关系的能力。

【任务实施】

以学习小组为单位,根据汽车维修服务接待人员的职业要求,制订详细的汽车维修服务接待人员职业素养培养计划,并根据计划实施。通过计划的实施,使学生的职业素养能够达到汽车维修服务企业的要求。

【评价反馈】

一、学习效果评价

1. 汽车维修服务接待的作用有哪些?

2. 客户对汽车维修服务接待人员的期望是什么?

3. 汽车维修服务接待人员应具备哪些知识?

4. 汽车维修服务接待人员应具备哪些职业素养?

二、学习过程评价

各小组选派1名代表通过PPT展示汽车维修服务人员职业素质培养计划,其他小组的成员和教师根据表1-2对其计划进行评价。

表 1-2　汽车维修服务接待角色认知评价表

服务顾问姓名：		班级：			
序号	评价项目	分数/分	任务评价		
			学生自评	小组互评	教师评价
1	汽车维修服务人员职业素质培养计划的整体情况	15			
2	汽车维修服务人员职业素质培养计划的可实施性	15			
3	PPT 制作	20			
4	语言表达	20			
	合计	70			
	综合评价（评语）				
	汽车维修服务人员职业素质培养计划				
	评价等级		☆　☆　☆　☆　☆		

任务 3　岗 位 认 知

【任务目标】

1. 知道汽车维修服务接待工作的相关职责。
2. 熟悉汽车维修服务接待的工作内容。
3. 了解汽车维修服务接待的工作流程。

【任务导入】

小杨被分配到汽车售后前台已经有一段时间了，通过这段时间的实习锻炼，他渐渐对服务接待工作有了一定的认识，但是仍然有很多疑问困扰着他。例如，服务顾问岗位的工作职责是什么？主要工作内容有哪些？

【任务分析】

在汽车服务业中，汽车维修服务接待是十分关键的工作岗位，因为这一岗位直接同客户接触，而客户在很大程度上是通过服务顾问的服务态度来判断服务质量的。因此，服务顾问必须在经过严格的专业培训、全面了解汽车维修服务接待的工作职责、熟悉服务项目和业务流程后才可上岗。

【相关教学知识】

一、服务的定义

服务不可能是事先准备好的，也不可能对客户进行示范或以样品邮寄，它只能被客户接触后直接感受，它是无形的东西。不同人对被服务的过程有不同的感受，而这一感受完全取决于当时客户的心情以及需要。如果没有提供适当的服务，服务也不能被收回，所以发生客户不满意的情况时，应依据不同客户的需求采取不同程度的对策，使客户在心理上获得弥补。

明确的维修服务流程是企业经营管理过程中非常重要的部分，企业的任何服务策略都要通过维修服务流程来完成，从而满足客户需求，最终使客户满意且信任。同时，企业的经济收益要通过客户服务流程来实现。

服务就是具有无形特征并可给人带来某种利益或满足感的一系列活动，其特征如下。

可靠性：准确可靠地执行所承诺服务的能力。

响应性：为客户及时提供便捷服务的自发性。

安全性：表达专业知识和谦恭态度，使客户信任。

移情性：给予客户关心和个性化的服务。

有形性：提供有形的设备、工具、人员和书面材料。

良好的客户服务流程可以为企业带来如下的利益：

1）在市场中树立专业化的形象。
2）有助于平均分配每天的工作量。
3）增加每个维修单的销售工时数。
4）增加每个维修单所销售的零部件数。
5）减少返工修理量。
6）提高劳动生产率和效率。
7）增加利润。
8）最大限度地让客户满意。
9）提高客户的信任度。

任何企业的维修服务流程都要结合企业的实际情况和当地市场的情况来制订。落实维修服务流程，使得企业的每一位员工都能够掌握并且熟练操作服务流程中的各环节，同时提高企业的运作效率和客户满意度，都是维修服务企业的重中之重。

二、流程的定义

所谓流程，就是做事情的顺序，是指为完成某一目标和任务而进行的一系列有序活动的集合。当企业发展到一定阶段，随着处理事务的增加，部门、岗位自然增加，原先一件简单的由一个人或某几个人就可以完成的事情，变成了需要跨部门、跨岗位来共同完成，所以需要把处理这些事情的步骤、注意事项等用文档的形式展现出来。为了使表达更直观、更容易，会使用图形、文字、表格来描述，这就是日常见到的流程。

汽车维修服务流程就是企业为客户提供的服务方式。它描述了服务体系发挥作用的方法和次序，以及这些过程如何联系在一起为车主提供服务体验。好的服务流程能够提高效率和服务质量，而不好的服务流程不仅影响服务接待的工作效率，还可能导致客户不满意。

三、汽车维修服务接待工作的岗位职责

1）及时热忱地接待客户，并实行"一对一"的服务原则，对所负责的客户群进行全程

化、终身化的服务,为客户处理其在用车过程中的所有服务需求,提供专业方面的咨询,为客户提供个性化服务。

2) 负责向新客户讲解维修服务流程和提供专业技术咨询。
3) 准确了解客户的维修需求和公司价格政策,与客户达成维修协议。
4) 负责客户来电、来函记录,并协助处理。
5) 负责向维修技师传达客户的想法和存在故障的状态。
6) 负责维修车辆的交车工作,审核维修项目,严格执行价格政策,保证客户能顺利交款、提车。
7) 严格遵循企业索赔政策进行索赔操作。
8) 负责对维修中存在的不合理情况提出修改意见。
9) 负责客户群的回访。
10) 日常管理和分析客户档案,与客户进行联系以保持良好的客户关系。
11) 观察客户的满意度,处理客户的抱怨和投诉。
12) 完成领导给予的各项临时工作。

> **多学一点　某汽车品牌汽车维修服务企业服务顾问岗位招聘要求**
>
> 1. 任职要求
> 1) 大专以上学历,形象好、气质佳。
> 2) 具有两年以上维修经验,熟练掌握汽车理论及汽车构造知识。
> 3) 具备处理突发事件的能力及客户抱怨的沟通解决能力。
> 4) 熟悉汽车驾驶,有机动车驾驶证。
> 5) 熟悉微机操作,熟练应用汽车售后服务管理系统应用、办公软件。
>
> 2. 岗位职责
> 1) 按标准开展汽车售后服务核心流程。
> 2) 处理客户关心的问题、维系客户关系。
> 3) 答复询问,办理技术咨询,处理客户意见。
> 4) 维护客户车辆及相关设备。
> 5) 完成相关作业文档,维护客户资料文件。
> 6) 维护系统和管理看板信息。
> 7) 监控车辆维修进度并定时向客户通报。
> 8) 协助前台接待主管工作。
> 9) 配合销售顾问开展服务导购。
> 10) 统计、分析、上报月度经营报告相关数据。

四、汽车维修服务接待的基本工作内容

◆ **想一想**　汽车服务顾问每天的工作是什么呢?

汽车维修服务接待岗位(服务顾问)具体的工作包括以下方面。

1. 工作环境准备

1）接待处的周围应没有废旧书籍、垃圾、废弃物等，书报要及时更新。

2）应准备好足够的停车区车位。

3）雨、雪天气应准备好雨伞。大门口应准备好防滑设施。

4）室内的环境氛围（照明设施完备，电视、空调开好，音乐、香气适宜）应令客户感到愉快。

5）应准备充足的纸杯、饮料和纯净饮用水。

6）汽车维修服务企业内外的花草应生机盎然，整洁有序。

7）伞挂、衣钩、垃圾箱、洗手间等设施应能为客户提供方便。

8）客户休息厅应干净、整洁。

9）客户投诉箱位置应醒目，做到定期、定人查看，做好记录并及时处理。

2. 工作准备

1）服务顾问应提前10分钟到岗。

2）服务工作台面应清洁，不摆放与工作无关的物品。

3）应提前启动计算机，确保系统运行。

4）应按当日修理量备好转向盘套、座椅套、脚垫、变速杆套、驻车制动器手柄套、毛巾、棉纱等。

5）应备好充足的环车检查单、打印机、各种工作章、能用的笔（包括客户使用的笔）、结算单打印纸、订书机（请检查其内是否有钉）、名片、硬板夹子等。

3. 仪容仪表及状态准备

1）身体状态应处于最佳状态，如果身体不适或过度疲劳应及时调整，以免在工作中出错并给客户留下不良印象。

2）精神应处于最佳状态，如果精神状态不佳，应在接待工作开始之前进行调整，做到集中全部注意力，精神饱满。

3）仪容仪表要做到工装整洁、胸卡佩戴在正确位置、头发整齐（不过长或过短）、胡须定期修理、口气清新、不佩戴饰品。

4）做到微笑服务。在身体和精神都进入工作状态以后，应保持愉悦的心情，并在整个服务过程中保持微笑。

4. 邀请与预约

来店维修的作业过程可分为两类：预约作业与突发作业。预约作业是指根据企业维修计划，按时安排的一种作业形式，而突发作业则是随机的，无法预计。按预约作业的形式分，预约作业可以分为主动预约和被动预约。

1）主动预约是服务顾问主动邀请客户来店维护车辆或参加汽车维修服务企业的各类促销活动，主要的服务对象是店内有相关信息资料的客户。主动预约情况下服务顾问的主要工作是：

① 注意收集和更新客户档案，预计客户的维护周期，根据汽车维修服务企业的营销计划主动打电话给客户，提醒客户来店维护车辆或参加企业针对客户的各类促销活动，并做好

预约信息登记。

② 根据企业的预约服务流程做好预约作业的准备工作，主要任务包括确认配件、安排作业时间、提供作业信息、确认客户来店时间及接待前的准备等工作。

2）被动预约是客户主动要求服务的预约。被动预约与主动预约的服务对象不同，主动预约的客户多数对车辆不是很了解或者时间观念较弱，而被动预约的大多数客户则是觉得车辆有故障，或者有较强的车辆维护意识及时间观念。被动预约情况下，服务顾问的主要工作是：

① 做好服务咨询工作。被动预约的客户往往面临车辆使用状况不佳的困境，因此，多数客户进行预约时，可能会向服务顾问咨询车辆使用方面的相关问题。

② 做好预约登记工作。要注意收集客户的信息，以便进行预约准备或相关安排。

③ 根据预约流程做好预约准备。预约准备包括确认备件、安排作业时间、确认客户来店时间及来店前的准备工作。

5. 接待前准备

1）配件准备。了解配件库存情况，以免在接待过程中因为配件问题影响客户车辆维修进度。

2）工位准备。在接待工作开始之前，需要根据以往一天的接待量来核对人员服务能力：确认车间的维修技师是否充足，维修能力是否充裕，如果留厂车数量过大，则维修技师即使数量足够也可能无法满足当日的维修需求，并可能形成恶性循环。

3）人员准备。了解服务顾问到岗情况，如果有缺岗，则个人接待量将加大，不紧急的工作可以调整到第二天做；了解车间的维修技师、技术专家或主力维修技师的在岗情况，保障车间的维修产能，有疑难技术问题时能在最短的时间内找到人员解决。

6. 接待与沟通

1）应主动迎接客户，主动使用规定的文明用语，礼貌待客，客户等候时间不宜超过2分钟。

2）对第一次来访客户应主动自我介绍，态度应热情友好。

3）应真诚待客，不得以任何理由推诿、搪塞客户。

4）应确认客户姓名、所修车种、车型或拜访目的。

5）应仔细记录客户姓名、地址、电话及客户车辆使用情况、维修历史，确保记录正确。

6）请客户阐述故障现象，确保完全理解客户意图。

7）应与客户一起对车辆外观、附件、车内物品进行检查，将检查结果记录在环车检验单上，并请客户配合，应提醒客户带走或妥善保管车内的贵重物品，各手续要清楚。

8）应归纳要点，并简短、明确地重复客户的要求。

9）对客户的要求应作出答复。

10）应同客户确定维修项目、价格、工期和旧件处理方法，并让客户知晓。

11）应确定结算付款方式。

12）应核对客户信息、建立维修委托书、打印维修委托书。在客户认可维修工作之后，

15

服务顾问应将确认内容形成纸质合同（维修委托书），并让客户审阅、签字。

13）维修委托书确认完毕后，服务顾问应根据客户的需要安排客户休息或离店。

14）应在车辆上铺好防护用品，并送往车间。

7. 维修与检验

1）关注车辆维修进度。服务顾问应掌握自己接待车辆的维修进度，如果感觉在预计时间内无法完成维修任务，则需要及时调整并通知客户。

2）项目和时间变更。当维修项目和完工时间发生变化时，服务顾问要立即通知客户并征求客户意见。如果客户同意进行维修项目变更，则需要重新对维修费用和时间进行确认。

8. 交车与送别

1）交车前检验。服务顾问要对维修后的车辆进行确认和检查，确保故障已消除，维修委托书上的要求全部满足，避免在向车主交车时发现未完成的维修问题。

2）核对维修价格。服务顾问要核算维修价格与估价价格是否一致，应保证最终结算与报价误差不超过10%，避免发生费用问题或发生问题时及时处理，避免在交车时引起客户不满。

3）打印结算单。服务顾问在确认维修内容后，应将结算内容打印成结算单为客户提供消费明细的说明。

4）准备单据。服务顾问应完成所有交车需要的单据和准备工作。

5）通知交车。在完成交车的全部准备工作之后，服务顾问应立刻通知客户。

6）交车说明。服务顾问要向客户展示说明所做的维修工作和收费明细，验证维修效果，并让客户查看换下的旧件，同时从客户处取回维修委托书客户联。

7）交车确认。交车前，服务顾问需要针对维修工作的费用向客户进行详细说明，并得到客户的签字确认。

8）陪同结算。服务顾问应陪同客户到收银处结算，交付客户相关收费凭据和车辆钥匙。

9）感谢和送别。服务顾问帮助客户上车、感谢客户光临、目送客户离开时，应为客户指出参考道路，提示客户系好安全带等。温馨的提醒会使客户感受到企业对他的关心。

9. 回访与关怀

1）及时建立客户档案。

2）回访客户。在维修中，某些客户可能由于种种原因产生不满，在离店时仍有情绪，负责接待的服务顾问应主动进行回访，努力消除客户负面情绪。

3）投诉处理。某些客户离店后对此次维修维护可能产生抱怨或投诉，在客户关系回访时形成投诉记录。作为最了解上次接待过程的服务顾问，要积极参与投诉分析，制订解决方案，尽快联系客户，以消除客户情绪问题。

五、汽车维修服务接待核心流程

汽车维修服务接待工作的主要流程，如图1-10所示。

学习情境 1　汽车维修服务接待认知

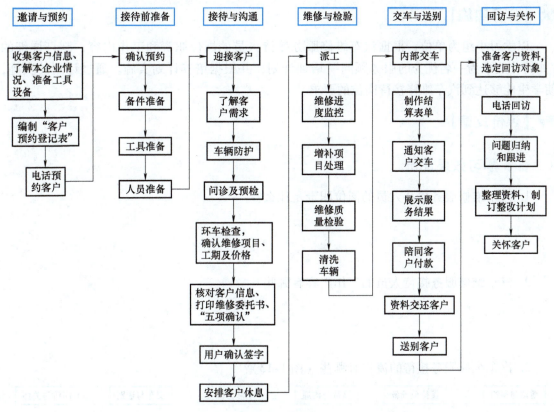

图 1-10　汽车维修服务接待工作的主要流程

多学一点　东风标致汽车维修服务接待流程和东南汽车维修服务接待流程如图 1-11、图 1-12 所示。

图 1-11　东风标致汽车维修服务接待流程　　　图 1-12　东南汽车维修服务接待流程

17

汽车维修接待实务

【任务实施】

以学习小组为单位,根据汽车维修服务接待人员的岗位职责和工作内容,制订详细的"如何才能成为一名优秀的服务顾问"培训计划,并根据培养计划实施。通过计划的实施,使学生能够达到汽车维修接待岗位的要求。

【评价反馈】

一、学习效果评价

1. 汽车维修服务接待人员的岗位职责是什么?

2. 汽车维修服务接待人员的工作内容有哪些?

3. 汽车维修服务接待的流程有哪些(图1-13)?

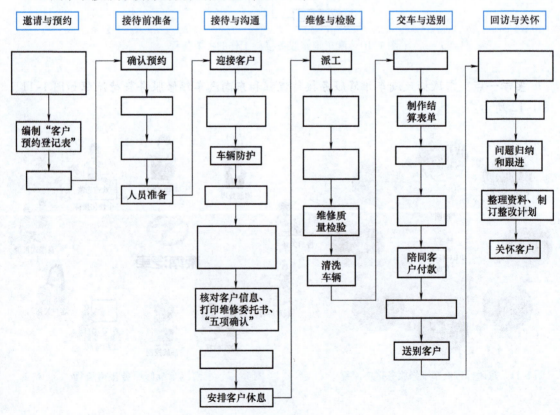

图 1-13

二、学习过程评价

结合学习任务,各小组选派 1 名代表通过 PPT 展示"如何才能成为一名优秀的服务顾问"的培训计划,其他小组的成员和教师结合表 1-3 的相关要求进行评价。

表 1-3　汽车维修服务接待岗位认知评价表

服务顾问姓名:			班级:		
序号	评　价　项　目	分数/分	任　务　评　价		
			学生自评	小组互评	教师评价
1	"如何才能成为一名优秀的服务顾问"培训计划的整体情况	15			
2	"如何才能成为一名优秀的服务顾问"培训计划的可实施性	15			
3	PPT 制作	20			
4	语言表达	20			
	合计	70			
综合评价(评语)					
"如何才能成为一名优秀的服务顾问"培训计划					
评价等级			☆　☆　☆　☆　☆		

学习情境 2　邀请与预约

汽车维修服务企业的预约服务是企业与客户提前约定在某一时间进行维修作业的服务，这是汽车维修服务发展的一大趋势，也是有效提高客户满意度的重要手段。它一方面能够合理地安排维修作业工作量，有效地将维修业务平均分配到各个营业时间段；另一方面能提前安排好工位、维修技师、服务顾问、配件等，以便提高工作效率，让客户到来后能够在最短的时间享受车辆维修维护服务，节省客户的等待时间，从而能够提高汽车维修服务企业的快速服务水平，使各个工作环节更加高效和顺畅，提高客户的满意度。

情境目标	1. 能够积极主动地制订邀请与预约计划，并有计划地进行邀请与预约 2. 熟练掌握电话预约的基本话术，并能进行电话预约 3. 能够运用不同的邀请与预约方式，有效提升客户到店率 4. 锻炼自主学习分析能力、自我展示能力，培养团队合作精神与职业道德素养	
情境概述	邀请与预约环节主要包括主动预约和被动预约，该环节主要是通过各种联系方法来向客户表明：我们的职责是帮助客户得到想要的服务。邀请与预约的目标是保持和强化客户资源，使之转化为企业的忠诚客户	
情境任务	任务1　预约准备 任务2　制订预约计划 任务3　电话预约	
情境准备	人员准备	基本知识	1. 汽车基本知识 2. 常规维护规范 3. 常用零件价格 4. 工时收费标准 5. 客户入店流量分析 6. 执行流程的标准话术
		基础技能	1. 积极倾听 2. 服务的热情和礼仪 3. 礼貌热情的电话沟通 4. 电话营销技巧 A-I-D-A（注意-兴趣-渴望-行动）
	工具准备	1. 笔、本 2. 预约登记表 3. 预约计划表 4. 附耳机的电话 5. 客户档案 6. 预约看板

学习情境 2　邀请与预约

任务1　预约准备

【任务目标】

1. 掌握接电话、打电话的礼仪。
2. 熟悉电话语言的要点。
3. 熟悉电话预约的技巧和基本话术。

【任务导入】

经过公司的培训与实践，小杨顺利完成了两个月的实习锻炼，经业务部门批准，人力资源部门审核，他正式成为××汽车销售服务有限公司的一名服务顾问。周经理下达了本月的任务指标，其中第一项工作就是要完成40%的预约率。小杨没有电话预约的经验，那么，要完成客户预约，他要如何做呢？

【任务分析】

随着汽车个性化时代的到来，客户的时间观念越来越强，需求也更趋多样化。企业能否有计划地安排生产、提高工作效率、增加车主对服务的满意程度，关键在于预约作业是否顺利。预约率是现代服务业考核服务接待能力的一项重要指标，企业通过一定的预约率保证了生产的有序安排及资源的合理利用，同时大幅降低了客户的维修等待时间。

【相关教学知识】

◆ 想一想　汽车服务顾问为了做好预约工作，要做哪些准备工作？

一、客户信息准备

服务顾问应通过客户管理系统熟悉客户信息和客户车辆情况，例如客户姓名、地址、联系方式，车辆牌照号、型号、识别代号、质量保证期、车身颜色、上次进店行驶里程数、服务项目、建议但没有进行的项目，客户投诉记录等信息。

二、本厂情况准备

服务顾问应了解本厂的维修生产情况和收费情况，例如维修车间是否可以安排工位、维修技师，专业工具、资料是否可用，相应的配件是否有现货或何时到货，相应维修项目的工时费和材料费是多少，近期维修厂是否有优惠促销活动等。

三、打预约电话前的准备

1）分配专线直拨的预约电话号码。
2）电话应具备转接功能，占线时可以直接转到服务经理手机上。
3）准备预约看板，电话沟通时应可以清晰地看到，桌上应备有专用的预约记录单。

4）有为预约客户制订的特别优惠方案。

5）收集整理预约案例，按照当地习俗更新和完善应对话术。

四、服务顾问的心态准备

1. 积极主动的心态

服务顾问应具有诚实待人、乐观向上、积极进取的良好心态，在形成良好的行为习惯基础上，带动周围人员，营造良好的工作氛围，为服务工作的成功奠定良好的基础。

2. 热情的心态

作为一名服务顾问，应当爱岗敬业、满怀激情，让工作成为一种兴趣爱好，以促使自己的事业更加稳定。

3. 谦虚包容的心态

谦虚是长足进步的基础，服务顾问应谦虚地向别人学习，同时包容同事的失误和客户的"无知"或"责难"，为自己和企业树立良好的形象，营造和谐的工作氛围。

4. 自信的心态

作为一名服务顾问，要对自己的工作能力和未来充满信心，将最好的产品和服务推荐给客户，竭尽全力满足客户的合理需求。除此之外，服务顾问更重要的是给自己的工作制订计划，脚踏实地地去实现自己的目标和人生价值。

五、服务顾问的电话礼仪准备

在预约作业过程中，服务顾问的电话语言技巧很关键，它直接影响着预约作业的服务质量（在日常生活中，我们通过电话也能粗略判断对方的人品、性格）。因此，掌握正确的、礼貌的打电话方式是非常必要的。双方打电话时虽然相互看不见，但说话声音的大小、对待对方的态度、使用语言的简洁程度等都通过电话传给了对方，凭借声音也可了解对方的态度、心情、修养等。所以树立良好的电话形象，不仅能体现自身优良的素质和道德风范，也有利于维护和提升公司的形象。

1. 接电话流程及基本用语

接电话流程及基本用语见表2-1。

2. 打电话流程及基本用语

拨打电话流程及基本用语见表2-2。

3. 电话预约技巧

电话预约并不是拿起电话与客户聊天，而主要是通过电话预约提升来店预约率，提高售后维修维护效率，同时还可以进行电话营销，带来利润。所以掌握电话沟通技巧是非常有必要的。

（1）让自己处于微笑状态　微笑地说话，声音也会传递出很愉悦的感觉，听在客户耳中自然就变得有亲和力。

（2）音量与速度要协调　谈话之初，应采取适中的音量与速度，等辨出对方的特质后，调整自己的音量与速度，让客户觉得你和他是同步的。

学习情境 2　邀请与预约

表 2-1　接电话流程及基本用语

流　程	基　本　用　语	注　意　事　项
1. 拿起电话听筒，并告之对方自己的身份	接电话时回答"您好，××（公司）××部×××，有什么可以帮助您"（直线），"您好，××部×××"（内线）；上午10点前可使用"早上好"；电话铃响3声以上时，应回答"让您久等了，我是××部×××" 话术示范1："您好！欢迎致电×××店，我是预约服务专员××，很高兴为您服务。" 话术示范2："您好！很抱歉让您久等了！欢迎致电×××店，我是预约服务专员×××。"	1. 电话铃响3声之内接起 2. 在电话机旁准备好记录用的纸、笔 3. 接电话时，不使用"喂"回答 4. 音量适度，不要过高 5. 告知对方自己的身份 6. 面带微笑，吐字清楚
2. 确认对方身份	应用敬语"×先生，您好""感谢您的关照"等 话术示范：请问先生贵姓？×先生（女士）您好，有什么可以帮到您?	1. 必须对对方身份进行确认 2. 若是客户，要表达感谢之意
3. 听取对方来电用意	回应时用"是""好的""清楚""明白"等回答 话术示范："×先生（女士），您想预约做10000km的车辆维护是吗？非常感谢！那么我想向您了解一下具体情况，请问您现在时间上方便吗？"	1. 必要时应进行记录 2. 谈话时不要离题
4. 进行确认	确认时应说"请您再重复一遍""那么明天在××，9点钟见"等 话术示范："明白了，×先生（女士），车牌号是×××，对吗？"	1. 确认时间、地点、对象和事由 2. 若是留言，必须记录下电话时间和留言人
5. 结束语	结束时应回答"清楚了""请放心""我一定转达""谢谢""再见"等 话术示范："好的，×先生（女士），感谢您今天来电预约10000km的车辆维护，我叫××，已经受理了您的预约，如果您有什么问题，请随时与我们联系，我们将恭候您的光临。再次感谢您致电预约，再见！"	
6. 放回电话听筒		等对方挂断电话后再轻轻放回电话听筒

（3）判别通话者的形象，增加彼此互动　从对方的语调和语速中，可以简单判别通话者的形象，例如"说话速度快的人是视觉型的人，说话速度中等的人是听觉型的人，而说话速度慢的人是感觉型的人"，服务顾问可以在判别对方形象之后，再给对方"适当的建议"。

（4）表明不会占用太多时间　为了让对方愿意继续这次通话，最常用的方法就是请对方给两分钟时间，而一般人通常都会出现"反正才两分钟，就听听看好了"的想法。

（5）语气、语调要一致　在电话中通常是普通话沟通，但是如果对方是以方言回答，那么可以转成方言和对方说话，拉近双方的距离。

（6）善用电话开场白　好的开场白可以让对方愿意和服务顾问多聊一聊，因此除了"耽误两分钟"之外，接下来该说什么就变得十分重要，如果想多了解对方的想法，不妨以"最近推出了夏季免费检测活动，请问您对该活动有什么看法"之类的开放式问句提问。

表 2-2 拨打电话流程及基本用语

流　　程	基 本 用 语	注 意 事 项
1. 准备		1. 考虑打电话的时间，尽量避免个人休息时间打电话 2. 拨打电话前确认对方的姓名、电话号码 3. 准备好要讲的内容、说话的顺序、所需要的资料和文件等 4. 明确通话所要达到的目的 5. 注意通话时间，一般控制在3min 之内
2. 问候、告知对方自己的身份	拨打电话时先说"您好！我是××公司××部的×××" 话术示范："您好，请问是×××先生（女士）吗？我是×××店的预约服务专员×××，能占用您几分钟时间吗？"	1. 依次报出公司名称、部门名称和自己姓名 2. 讲话时要有礼貌
3. 确认对方身份	确认对方身份时应说"请问××部×××先生在吗""麻烦您，我要找×××先生"等 话术示范："请问是×××先生（女士）吗？"	1. 必须要确认对方身份 2. 转接要找的人后，应重新问候
4. 电话内容	说明时用"今天打电话是想向您咨询一下关于××事"等 话术示范："您上次来我们店维护后，车辆使用上没有问题吧？您的车大概行驶多少km了？车辆距上次维护已经有5000km了，需要尽快进行维护，您最近有时间吗？我们现在的预约服务，有很多优惠政策（可补充简单介绍），您看要不要帮您安排个预约服务呢？"	1. 应先将想要说的结果告诉对方 2. 如果是比较复杂的事情，应请对方做记录 3. 对时间、地点、数字等准确地传达 4. 说完后，可总结所说内容的要点
5. 结束语	结束语用"谢谢""麻烦您了""那就拜托您了"等 话术示范："好的，×先生（女士），感谢您对我们工作的支持，如果您有什么问题，请随时与我们联系。我们将恭候您的光临，再见。"	语气诚恳、态度和蔼
6. 放回电话听筒		等对方挂断电话后再轻轻放回电话听筒

（7）善用暂停与保留的技巧　当服务顾问需要对方给一个时间、地点的时候，就可以使用暂停的技巧。例如，当问对方"您上午有时间还是下午有时间"后就稍微暂停一下，给对方留出考虑时间。善用暂停的技巧，可以让对方有受到尊重的感觉。

（8）牢记"5W2H"技巧　电话记录既要简洁又要完备，因此"5W2H"技巧很重要。"5W"的含义是指"What（有何要求）、Who（何人来实施）、When（何时完成）、Where（何处去做）、Why（为何要做）"。"2H"的含义是指"How do（如何去做）、How much（何价）"。

（9）善用"A-I-D-A"话术　"A-I-D-A"是指"注意-兴趣-渴望-行动"，"A-I-D-A"话术是通过预约专员的步步引导，最终使客户付诸行动的话术。"A-I-D-A"含义见表 2-3。

表2-3 "A-I-D-A"含义

"A-I-D-A含义"	A：注意（Attention）	I：兴趣（Interest）	D：渴望（Desire）	A：行动（Action）
基本要求	尊重客户的时间是精彩开场的第一步	运用具有同理心的问题来培养兴趣	推荐与客户需求相符的增值服务项目	锁定客户进厂后的沟通机会
使用方法	当打电话给客户时，应询问客户是否方便接电话，并以简短的问候来提高客户注意力	运用具有同理心的问题来提高客户的兴趣，或提一些让客户感兴趣的话题	当引起客户兴趣后，提出附加服务，让客户能渴望来店维修、维护	制订好话术，在电话中与客户确认预约时间并提醒客户携带相关证件，落实客户的确切行动

多学一点　手机礼仪

手机在不适宜的场合使用可能在无形之中损害服务顾问的形象。

1. 使用手机的注意事项（商务场合）

1）不适合用手机的场所：会场、交流现场等。

2）手机铃声的设定：不要以狗叫声、婴儿啼哭声、恐怖声、嘈杂声或怪异的歌声等作为铃声。

3）短信的收发：若在商务场合不停地收发短信，会显得心不在焉，也不尊重人，应避免。

4）用手机给别人拍照，会显得不够尊重。

5）用手机偷偷录像，会侵犯他人隐私。

6）接到短信原则上应及时回复，未及时回复应在适当时候给对方解释。

7）不要用无聊短信骚扰客户（特别是不雅短信）。

8）慎用群发。

9）不适合用手机的时候尽量关机。

10）必要时手机可以设置为振动或无声模式。

11）尽量不要接听手机，若必须接听应先向主要人员致歉，若有可能，应暂时离开并到合适区域接听。

12）若无法离开，接听时应尽量少说话，可以"行""好"等语言尽快结束通话。

13）只在必要时发送短信，短信内容应完整简洁，有落款、有礼貌。

14）短信针对的事情一般应在往返3条以内说清楚。

2. 使用手机的注意事项

1）训练自己的语调和声音，使之充满热情，美好动听。

2）给不熟悉的人打电话时要选择对方喜欢的称呼。

3）应根据需要的内容自报家门。

4）必要时提醒对方你们接触过的场景情况。

5）若交谈内容较复杂，应先礼貌地询问对方是否方便。

6）简洁明了地说明通话意图。

7）礼貌用语不要滥用。

8）勿长篇大论，忌喋喋不休。

【任务实施】

以学习小组为单位,根据常用电话礼仪要求进行北京现代伊兰特悦动1.6L 5000km维护接打电话的情景模拟。通过情景模拟演练,使学生掌握接电话和打电话的礼仪和基本用语。

【评价反馈】

一、学习效果评价

1. 打电话过程中,可以同时做的事情是_____。
   A. 喝水　　　　　　　　　　　　B. 操作计算机
   C. 吃东西　　　　　　　　　　　D. 抽烟
2. 打电话时,相对比较恰当的通话时间_____。
   A. 越短越好　　　　　　　　　　B. 越长越好
   C. 控制在3min内　　　　　　　　D. 随意
3. 打电话时,以下比较恰当的用语是_____。
   A. "你好!我是某某某,请问方便接听电话吗"
   B. "我要找某某某"
   C. "是某某某吗"
   D. "我有×××事"
4. 接听电话后要结束电话交谈时,不恰当的方式是_____。
   A. 客气地道别说完再见　　　　　B. 自己先挂机
   C. 待对方挂机后再挂机　　　　　D. 询问对方对自己的服务是否满意
5. 接听电话时,如果对方要找的人不在,不礼貌的用语是_____。
   A. "请问您愿意记录他的手机号吗"　　B. "不在"
   C. "您有什么事要我转告吗"　　　　　D. "您方便稍后再打来吗"
6. 接听电话时,拿起电话的恰当时间是_____。
   A. 响3声之内接起电话　　　　　B. 铃响1声就必须接起电话
   C. 铃响时就接起电话　　　　　　D. 忙完手头的工作再接电话

二、学习过程评价

结合学习任务,以学习小组为单位,制订接打电话的计划,小组选派1名代表展示,其他小组的成员对其计划进行点评。

教师组织学生进行角色分工,对北京现代伊兰特悦动1.6L 5000km维护接打电话的情景进行模拟演练,并根据情景演练情况进行评价。在完成演练任务后,通过小组会议形式进行总结与思考。

本任务的学习评价表见表2-4。

表 2-4　接打电话评价表

服务顾问姓名：		班级：			
序号	评 价 项 目	分数	任 务 评 价		
			学生自评	小组互评	教师评价
1	是否着装干净整洁	5			
2	是否仪容规范	5			
3	是否左手持电话，右手记录	5			
4	是否倾听	5			
5	是否恰当提问	5			
6	电话响铃 3 次以内是否有人接听	5			
7	是否主动报出公司名称	5			
8	是否主动报给对方自己的姓名（例如"您好，我是×××，请问有什么可以帮到您"）	5			
9	音量是否适度	5			
10	是否面带微笑，吐字清楚	5			
11	接打电话时间长短	5			
12	礼貌用语是否规范	5			
13	电话结束前，是否向对方道别（例如"再见，谢谢来电"等）	5			
14	是否在对方挂断电话之后才挂断电话	5			
15	是否记录所有需要的信息和客户对故障的描述	10			
	合计	80			
综合评价（评语）					
	礼仪规范				
	沟通技巧				
	流程操作				
	评价等级		☆　☆　☆　☆　☆		

任务 2　制订预约计划

【任务目标】

能制订客户来店预约计划。

【任务导入】

小杨已经打预约电话 1 周了，他发现预约维修率仅为 15% 左右，要想完成每月 40% 预约率的作业考核是有一定难度的。所以，他觉得应该提前制订预约计划。

【任务分析】

汽车维修服务企业维修维护预约率一直不高，直接导致了维修工位紧张、维修技师紧缺、成本过高等问题的出现，所以做好预约计划是非常有必要的。要做好维修维护的预约工作，不仅要求客户要有预约理念，而且要求汽车维修服务企业要提前做好预约计划，有计划地实施预约，以此提高来店客户的预约率，提升企业维修效率，节省客户维修维护的等待时间，达到提升客户满意度、培养客户忠诚度的目的。

【相关教学知识】

邀请与预约流程就是根据汽车维修服务企业日常流量和客户信息分析，邀请客户进店。

一、预约的好处

客户通过预约所期望的主要是：修车不排队，结算不等待，现场有条理，交车细致全面，接待过程清晰全面，来店第一时间有人接待，工位充足，维修时间短，希望同一时间一位服务顾问只接待一位客户。

对于汽车维修服务企业而言，有效地利用和推广客户的预约服务不但能够对企业起到"削峰填谷"的作用，还可以有效地提高车间利用率和客户的满意度。

1. 提前准备

一般通过预约的车辆可以根据维修维护的实际内容，在维修工位、维修技师、维修工具、配件、技术等方面实现资源优化配置，提高工作效能，避免因缺少配件导致修车拖延。维修技师可以根据客户预约反映的情况，制订维修方案，避免"走弯路"。

2. 节省时间

通过预约可以使服务部门提早安排工位和维修技师，准备好所需配件，这样可以减少在维修维护过程中的客户等待时间，缩短维修时间，使客户能够更多地享受到及时、便捷和舒适的服务体验。

3. 提高效率

对于企业而言，提高效率就意味着节约成本、增加盈利，通过精确的预约计划，可以合理安排车辆进厂和出厂时间，实现 JIT（Just In Time, JIT）生产方式，使车间与人员配置更趋合理化，从而达到利益最大化。

4. 提升客户满意度

通过预约，可以让客户感受到服务是非常有针对性的，服务顾问也能够深入了解目标客户，掌握更大的主动权，从而发掘、引导客户需求，以高效、准确的服务获得客户信任，建立长期的友好关系；在维修过程中，维修服务人员还可以有更充裕的时间向车主提供咨询服务，能更仔细地检查和维修车辆，使车主对车况有更多的了解，也让客户感受到服务的贴心，从而为车主提供最佳的服务及车辆维护方案，提升客户满意度，培养客户忠诚度。

预约服务由于准备工作充分，维修维护时间通常会大大缩短，一辆汽车的维护时间可缩短 20min；通常未经预约的汽车从进店到出店的时间一般在 1h 以上，高峰期时间会更长。

学习情境 2 邀请与预约

二、预约的基本内容

通过电话或网络等与客户进行沟通时,应确定预约客户的基本信息,明确客户的需求,并告诉客户预约后的项目和实施日期。

三、预约计划的制订

有了计划,就有了明确的目标和具体的工作程序,就可以更好地协调行动,明确工作的方向性,合理地安排和使用人力、物力,使工作有条不紊地顺利进行。

1. 预约计划的目标

预约计划的制订主要是通过对汽车维修服务企业经销商管理系统(Dealer Management System,DMS)对客户进行分类整理,根据客户来店次数及来店目的将其分成忠诚客户、机会客户、边缘客户、流失客户等类型,对每种不同的客户类型分别制订相关预约计划。

通过预约的实施,将边缘客户转化为潜在客户、潜在客户转化为新客户、新客户转化为老客户、不稳定客户转化为忠实客户、单一产品使用客户转换成多产品使用客户。

2. 预约计划的措施

针对不同类型的客户应制订不同的实施措施,可根据 DMS 中客户信息制订相关预约计划。预约计划主要是按照客户的使用情况、时间及时制订,并在 DMS 中对相关信息进行填写。预约登记表见表2-5。

表 2-5 预约登记表

车牌号	车主姓名	联系方式	上次来店时间	上次维护里程	上次维护项目	下次维护里程	下次维护时间	大致预约时间	预约方式	服务顾问
京A*****	李**	1861538****	2019.5.5	30000	机油、机油滤清器、空气滤清器	35000	2019.10.10	2019.10.10 上午8:30	电话	**

制订预约计划后,应根据客户实际情况,及时进行预约工作,并对每辆汽车进行详细的信息记录,主要涉及客户信息见表2-6。

根据详细的记录,制订每辆汽车下次维修维护的时间及里程,并做好预约计划。

3. 预约计划的步骤

预约表单的制订主要是为预约实施提供方向性,所以应该按照计划的要求进行,大致的实施内容如下:

表2-6 客户信息表

车辆所有者			联系电话			其他联系方式	
家庭地址						邮政编码	
车牌号码		车辆型号		车身颜色		销售日期	
车辆识别代号							
底盘号码				发动机号			
维修维护记录							
维修类型	维修项目	维修费用	来店时间	来店里程	服务顾问	维修技师	意见反馈

（1）确定预约时间　根据信息记录表，确定客户下次维修维护时间，在一个月内做好预约计划工作，至少提前15天进行预约询问。

（2）确定维护项目　按照客户维护记录，确定本次来店维护项目，并确定所需配件供应情况、费用情况及维修维护所需时间等内容。

（3）确定预约方式　根据客户相关信息，选择客户偏好的预约方式，并选定好联系时间，确保客户愿意联系，以便取得较好效果。

通过预约计划的详细制订与实施，确保提升汽车维修服务企业的预约率，以此提升车间维修效率，提高企业效益。

【任务实施】

以学习小组为单位，根据预约计划制订的具体内容，将DMS中的客户分类，并根据客户类型的不同制订详细的预约计划。

【评价反馈】

一、学习效果评价

1. 预约的好处是什么？

学习情境 2　邀请与预约

2. 预约计划怎么制订？

二、学习过程评价

各小组选派 1 名代表通过 PPT 展示制订的针对不同类型客户的预约计划，其他小组的成员和教师根据表 2-7 进行点评。

表 2-7　制订预约计划评价表

服务顾问姓名：			班级：		
序号	评价项目	分数	任务评价		
			学生自评	小组互评	教师评价
1	是否着装干净整洁	5			
2	是否仪容规范	5			
3	预约登记表的填写	15			
4	客户信息表的填写	15			
5	PPT 制作	15			
6	语言表达	15			
合计		70			
综合评价（评语）					
预约计划的制订					
评价等级			☆　☆　☆　☆　☆		

任务 3　电话预约

【任务目标】

1. 能按照预约作业流程完成客户预约。
2. 能够利用话术完成客户预约。

【任务导入】

一串"270-150-45-75-9"数字表明汽车维修服务企业在 9 个星期内拨了 270 个电话，与 150 个人通过话，并实际确定了 45 次新预约，75 代表共进行了 75 次销售访问，9 代表成交的数目。分析这些数字会发现：每确定 1 次预约，需平均进行约 8 次努力。当你每次拿起电话时，你就离一个肯定的答复越来越近。

【任务分析】

预约在推广过程中占有非常重要的地位，其中，电话预约是主要方式，也是最经济方便的方式。用电话预约可以直接与客户约定见面时间，也可以不受上班时间的限制，增加了联系的机会。但由于客户对汽车维修服务企业事前缺乏了解和认识，也最容易引起客户的猜

31

汽车维修接待实务

疑，常被拒绝。所以在电话预约前，一定要做好相关准备工作，设计好预约话术，确保在预约过程中能及时处理客户的疑问，提高客户通过预约方式来店进行维修维护的比例。

【相关教学知识】

一、预约方式

汽车维修服务企业在预约方式的选择上主要应考虑客户的偏好及预约的成功概率，可以选择的方式有电话预约、短信预约、电子邮件预约及其他形式的预约。汽车维修服务企业采用的预约方式主要是电话预约。电话预约分为主动预约和被动预约两种形式。

二、预约客户

下面以定期维护到期客户的预约为例，说明电话预约的流程及话术。

1. 主动预约的流程及话术

主动预约的流程如图2-1所示。

主动预约

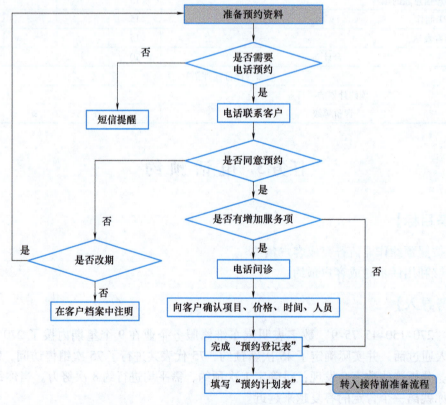

图2-1 主动预约的流程

1）**目标客户选定**。选定预约的目标客户，包括新车首次维护客户、定期维护到期客户、久未回厂客户以及配件订货到货客户等。

2）**致电客户进行预约**。致电目标客户进行预约时应用规范话术，下面以定期维护到期客户的话术示范为例。

学习情境 2　邀请与预约

> 🎤 **话术示范：**"您好！请问是×××先生（女士）吗？我是×××店的预约服务专员×××，能占用您几分钟时间吗？您上次来我们店维护后，车辆使用上有没有问题？您的车辆大概行驶多少 km 了？您的车辆距上次维护已经有 5000km 了，需要尽快进行维护。您最近有时间吗？我们现在推出了预约服务，有很多优惠政策（简单介绍），您看要不要帮您安排预约服务呢？"

3）**确认需求及报价。**在得到客户确认需要维护的答复后，应引导客户进行预约。

> 🎤 **话术示范：**"×先生（女士），您什么时候方便来店呢？本周五是吗？您看下午 5 点可以吗？我们届时会准备好一切工作恭候您的光临。"

在得到客户的认可后，可进行下一步的维修项目确认及报价环节。

4）**电话结束。**电话结束前，对客户表示感谢。

> 🎤 **话术示范：**"好的，×先生（女士），感谢您对我们工作的支持，如果您有什么问题，请随时与我们联系。我们将恭候您的光临。再见！"

2. 被动预约（客户主动预约）的流程及话术

随着预约服务带来的好处逐渐被客户接受，客户主动预约的情况逐渐增多。被动预约（客户主动预约）的流程如图 2-2 所示。

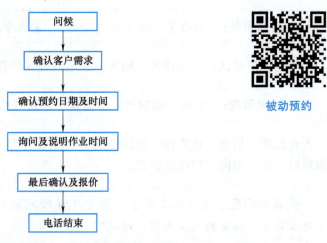

图 2-2　被动预约（客户主动预约）的流程

1）**问候。**应在电话铃响 3 声内接起电话，并面带微笑、吐字清晰、声音明快地向客户自报店名及姓名。

> 🎤 **话术示范：**"您好，欢迎致电×××店，我是预约专员（服务顾问）×××，很高兴为您服务。"

在接听电话时，注意不要让电话铃声响超过3次，若超过3次，接起电话时应首先向客户表示歉意。

> 🎤 **话术示范**："您好，很抱歉让您久等了，欢迎致电×××店，我是预约专员（服务顾问）×××。"

2) 确认客户需求。 客户提出维修、维护需求，预约专员或服务顾问应仔细倾听并做好记录，之后要能复述客户要求并确认。

> 🎤 **话术示范**：
> 客户："我想预约做10000km的维护可以吗？"
> 预约专员（服务顾问）："当然可以，预约做10000km维护是吗？非常感谢您选择预约服务！那么我想向您了解一下具体情况，请问您现在时间上方便吗？"

客户表示有时间继续进行电话交流后，预约专员或服务顾问即可开始询问车辆信息。

> 🎤 **话术示范**："请您先告诉我您的姓名和车牌号，我来准备您的维护记录，您看可以吗？"

当客户说出自己的名字和车牌号时，预约专员或服务顾问应准备笔、纸将其详细记录下来，并向客户复述以确认。

> 🎤 **话术示范**："明白了，×先生（女士），车牌号是×××，对吗？"

在得到客户确认后，应请客户稍等，并迅速进入计算机系统调出并查看客户资料。

> 🎤 **话术示范**："好的，谢谢您！请您稍等片刻好吗？我查看一下您的车辆资料。"

若有此客户信息，则应将听筒轻轻放下（如果有等待键则可按下等待键），看完客户相关资料后拿起听筒向客户描述信息。

> 🎤 **话术示范**："让您久等了，您是（详细地址）×××先生（女士）吧，您于×年×月×日购买的××车型，对吗？"

让客户知道系统中详细记录了其车辆信息资料，会让客户感觉到服务的亲切周到。
若无此客户信息，则应将听筒轻轻放下，准备好纸和笔，以记录信息，同时拿起听筒。

> 🎤 **话术示范**："让您久等了！很抱歉×先生（女士），您的车辆之前没有在我店进行过维修、维护，所以在您来我店时请带上您的行驶证、驾驶证和您的保修手册。另外，请问您的电话号码是多少，您的车辆型号是？"

3）与客户确认其希望的预约日期及时间。

> 🎙 **话术示范**："×先生（女士），请问您什么时间方便来做10000km的维护呢？"

当客户回答了自己希望的维护时间后，应复述客户的要求并确认。

> 🎙 **话术示范：**
> 客户："我希望在10月2日下午2点左右。"
> 服务顾问："明白了，10月2日下午2点左右，对吧？这个时间我们店还没有安排预约，所以没问题。我们就给您安排在10月2日下午2点，您到时可以来我们店，对吗？"

如果汽车维修服务企业无法满足客户要求的维修、维护时间，预约专员或服务顾问应向客户说明并马上建议其他日期和时间，直到提出客户方便的时间为止。

> 🎙 **话术示范**："很抱歉，这个时间已经被预约满了，您看您在10月2日下午4点或10月3日上午8点选择一个时段可以吗？届时我们将优先安排您的作业。"

4）耐心询问及说明作业时间。确认日期时间后，应对客户表示感谢，并询问客户的车辆是否存在其他问题。如果有，则应详细而准确地记录客户的叙述，并向客户复述以确认。

> 🎙 **话术示范**："谢谢！顺便问一下，您的车还有什么别的问题吗？无论是什么方面的问题都可以告诉我。"

这样的关怀会让客户感觉到汽车维修服务企业真正为客户着想，能给客户留下良好印象。

应向客户说明维修、维护所需时间并确认客户是否会在店内等待车辆完工，或者是否需要接送服务等（根据汽车维修服务企业自身条件决定）。

> 🎙 **话术示范**："如果没有其他问题，您车辆的维护时间在1小时左右，您时间上方便吗？那您是否在店内等待车辆维护完工呢？您是否需要代步车或者接送服务呢？"

5）最后确认及报价。确认客户是否在店等候完工后，最后向客户确认其要求。

> 🎙 **话术示范**："那么，请让我再确认一下，×先生（女士）您预订于10月2日下午2点来店进行10000km的车辆维护，您看有问题吗？"

在得到客户的确认同意后，预约专员或服务顾问应根据价目表向客户做整个维护的报价说明，并说明维护时可能会出现的追加项目，并提醒客户到厂时需要携带的资料，包括保修手册和行驶证等。

> 💬 **话术示范**："我向您说明一下收费情况吧，10000km 维护的基本费用是×××元，我们到时候根据维护检查情况，有可能需要进行其他的追加维修，关于其他方面的具体情况，我们会在您光临本店时进行详细说明。提醒您，到厂时需要携带保修手册和行驶证。"

针对至少提前一天通知客户的问题征求客户意见，并询问客户方便的联系时间。

> 💬 **话术示范**："另外，我们会在预约时间前一天再次给您打电话确认，您看在什么时间给您打电话方便呢？"

6）**电话结束**。最后，向客户致谢，结束电话预约。等客户挂断电话后将电话轻轻放下。

> 💬 **话术示范**："好的，×先生（女士），感谢您今天来电预约 10000km 的车辆维护，我叫×××，已经受理了您的预约，如果您有什么问题，请随时与我们联系，我们将恭候您的光临。再次感谢您致电预约，再见！"

三、预约作业安排

1）服务顾问接打预约电话后，要根据预约记录及服务管理系统，完成预约计划表的填写，让所有服务顾问都可以查询出近期客户预约状况。预约计划表应明确记录车主姓名、电话、车型、故障原因或维护具体项目、期望预约的时间等内容。预约计划表中的各个项目要详细填写，笔迹清楚，在填写客户电话号码时，要注意区分是公司电话还是住宅电话；对返修客户和投诉客户要特别标出。预约计划表见表2-8。

2）确定零件是否有库存。如果零件没有库存，查询可能的送货日期，并通知客户零件何时才能有，同时要求零件部订购必要零件。

四、预约确认

预约专员或服务顾问应至少在预约时间的前一天与客户再次确认预约，提醒客户预约维修、维护的日期和时间，这样能降低客户"失约"的概率。客户"失约"会影响维修车间的工作安排，降低服务效率，还会使零件部的准备工作成为无用功。在致电前，服务顾问应准备好客户的预约记录资料、笔和纸。

在客户允许的方便时间致电，电话内容应简洁明了，时间不宜过长。电话结束时要真诚地表示谢意。

> 💬 **话术示范**："您好！请问×先生（女士）在吗？"

确认对方是要找的客户后，问候客户，向对方自报身份，并询问对方是否方便接电话。

> 💬 **话术示范**："×先生（女士），您好！我是×××店的服务顾问×××。请问您现在方便接电话吗？"

学习情境 2　邀请与预约

表 2-8　预约计划表

编号：		预约登记时间：		年　　月　　日	
客户姓名：	车牌号：		车型：		行驶里程：
联系电话：	预约服务顾问：		预约维修类型：维修□ 维护□ 返修□ 疑难故障□		
预约日期：	预约时间：		偏好的联系方式：手机□ 座机□ 短信□ 其他□		
预计交车时间：	客户是否需要代步车：是□ 否□		是否是返修或抱怨客户：是□ 否□		
客户描述及要求：					
上次维修建议及未处理项目：					

预约维修内容	工时费用	所需备件	价　　格	备件状况

备注：				
是否参加服务活动：	是□　否□	是否提前确认：	72h□　24h□　1h□	
预约所需备件是否有库存：	是□　否□	预约所需维修技师是否已准备：	是□　否□	
客户是否主动取消预约：	是□　否□	客户是否准时到店：	是□　否□	
预约时间是否改变：	是□　否□	客户是否重新预约：	是□　否□	
客户新预约的时间：	年　月　日　时　分	公司未能执行预约的原因：		
服务顾问签名：	备件管理员签名：	车间主任签名：	服务经理签名：	

确认客户方便接电话后，应简要说明致电目的，并且要先说明自己要谈的主题，从结论说起，语言应简洁明了，语气要明快，同时应面带微笑。

话术示范："是这样的，给您打电话主要是想跟您确认一下预约维护的事情。您定在明天下午 4 点做 10000km 的车辆维护，您能在约定的时间来店吗？"

确认客户会准时到店进行维护或维修后，应对客户表示感谢。

话术示范："好的，我们将为您做好维护准备，恭候您的光临。非常感谢您接听电话。"

对已确认来店的客户，要安排预约作业，并登记在预约看板上（图 2-3）。

如果客户临时取消预约，则建议客户选择另一时间并为其重新安排预约。

汽车维修接待实务

日期:2019/12/09				预约热线:							
时段	预约工位1			预约工位2			预约工位3			预约工位4		
	客户	专属顾问	状态	客户	专属顾问	状态	客户	专属顾问	状态	客户	专属顾问	状态
07:00—08:00	京A1101	XX										
08:00—09:00												
09:00—10:00				京A1102	XX							
10:00—11:00												
11:00—12:00												
12:00—13:00	京A1103	XX										
13:00—14:00												
14:00—15:00												
15:00—16:00												
16:00—17:00												
17:00—18:00												
18:00—19:00												

特约店预约服务介绍
尊贵的预约顾客将获得我们为您提供的以下增值服务
1. 事先预留高级技师和工位,享受第一优先顺位接待,精确预估时间和费用,让您更轻松、有效地利用和安排宝贵时间
2.
3.

状态: 完工 ▢ 进行中 ▢ 未开始 ▢

图2-3 预约看板

> 🎤 **话术示范**:"我明白了,那×先生(女士)您什么时候方便来店呢?我可以现在帮您预约,或者您什么时候方便就打我们的预约专线进行预约,届时我们将为您提供优质的服务。"

【任务实施】

以学习小组为单位,根据电话预约的内容和流程设计某款车型5000km维护主动预约和被动预约(客户主动预约)的话术,并根据角色分配进行电话预约情景模拟。通过情景模拟演练,使学生掌握电话预约的相关知识。

【评价反馈】

一、学习效果评价

1. 电话预约的内容有哪些?

2. 请编写完成一条预约提醒短信(5000km维护,第二天上午9:00,维护时间1h,维护费用是免费)。

"您好,_____先生!非常感谢您在_____选购_____,本店特此提醒您在购车_____月内_____km时来本店做_____维护,如需预约,欢迎致电咨询,_____,祝您行车平安!_____服务顾问_____,店面地址:_____;联系电话_____,_____。"

3. 请完成图 2-4、图 2-5 的主动预约和被动预约流程图。

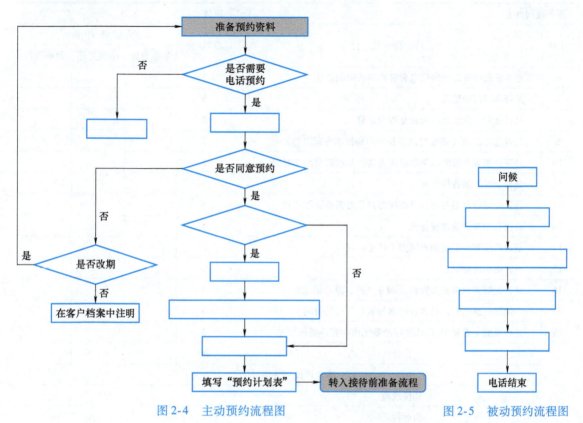

图 2-4　主动预约流程图　　　　图 2-5　被动预约流程图

二、学习过程评价

结合学习任务，以学习小组为单位，制订电话预约计划，小组选派 1 名代表展示，其他小组的成员对其计划进行点评。

教师组织学生进行角色分工，对电话预约情景进行模拟演练，并进行评价。在完成演练任务后，以小组会议形式进行总结与思考。

本任务的学习评价表见表 2-9。

表 2-9　电话预约评价表

服务顾问姓名：		班级：			
序号	评 价 项 目	分数/分	任 务 评 价		
			学生自评	小组互评	教师评价
1	电话响铃 3 次以内是否有人接听	5			
2	是否主动报出店名	5			
3	是否主动询问客户电话来意（例如"请问有什么可以帮到您"）	5			
4	电话结束前，是否向客户道别（例如"再见，谢谢来电"等）	5			
5	是否在客户挂断电话之后才挂断电话	5			

（续）

服务顾问姓名：			班级：		
序号	评 价 项 目	分数/分	任 务 评 价		
			学生自评	小组互评	教师评价
6	是否记录所有需要的信息和客户对故障的描述	5			
7	是否询问行驶里程	5			
8	是否询问上次维修时间及是否为返修	5			
9	是否进行诊断（必要时向服务顾问和技术专家求助）	5			
10	是否告知客户诊断结果和解决方法以及所需费用和时间	5			
11	是否及时告知备件情况	5			
12	是否介绍特色服务项目及询问客户是否需要这些项目	5			
13	是否告知客户谁将接待他	5			
14	是否根据客户要求和车间能力约定时间	5			
15	是否提供价格信息	5			
16	是否提醒客户带相关资料（随车文件，维修记录）	5			
17	不能履行预约时，是否及时通知客户并另约时间	5			
18	是否提前1天和1h确认各项准备工作和客户履约情况	5			
	合计	90			
	综合评价（评语）				
	礼仪规范				
	沟通技巧				
	流程操作				
	评价等级		☆ ☆ ☆ ☆ ☆		

学习情境 3　接待前准备

接待前准备流程的目的是确保客户在到达汽车维修服务企业时维修服务企业已做好了充分的准备（包括客户进店前详细了解客户需求，认真完成接待前的准备工作），这样可以使服务顾问在接待时能充分展示他的接待能力，并且节省时间，提高工作效率。

情境目标	1. 掌握汽车维修服务企业晨会、夕会内容，并能自觉组织小组成员召开 2. 能主动创建良好的接待环境，严格按照5S要求进行接待区域布置 3. 掌握售后服务人员接待礼仪，并能按照职业要求进行自我完善 4. 能够积极主动地准备好相关接待工具，并能与相关部门进行沟通协调，做好准备工作 5. 锻炼自主学习分析能力、自我展示能力，培养团队合作精神与职业道德素养
情境概述	接待前准备环节中，要了解客户是谁以及客户需要或想要什么；关心客户维修维护的需求，评估客户需求是否得到满足；确保客户到达时维修服务企业已做好了充分准备，保证客户到达时能得到迅速周到的服务；不断培养客户对维修服务企业的信任，在最大程度上提高客户满意度
情境任务	任务1　召开晨会、夕会 任务2　5S管理 任务3　接待前准备
情境准备	人员准备 — 基本知识：1. 汽车基本知识　2. 商务礼仪　3. 沟通技巧 人员准备 — 基础技能：1. 积极倾听　2. 服务的热情和礼仪　3. 5S素养 工具准备：1. 笔、本　2. 晨会、夕会记录表　3. 5S检查表

任务1　召开晨会、夕会

【任务目标】

1. 熟悉晨会的内容及要求。
2. 熟悉夕会的内容及要求。

【任务导入】

"一年之计在于春，一日之计在于晨"，晨会集全日的管理于短时间之内，能全方位地对每个人、每件事进行管理和控制，达到改善员工精神面貌，创建组织学习文化，建立相互检查、监督考核机制、聚焦公司品牌文化从而引导企业行为，提高核心竞争力的目的。

售后夕会就是结合晨会的目标安排进行合理小结，总结接待活动的效果和内部配合情况，分享案例、总结得失、跟进重点，并用合适的言语点评不良现象，适当地安排人员当众解析自我，加强内部的自我学习分析能力。

【任务分析】

召开晨会、夕会可以提升员工的精神面貌，培养员工的企业文化意识，有利于企业员工思想、行为的统一；晨会、夕会是企业的信息沟通平台，是员工学习交流的平台。晨会的主要任务是激励团队的士气、统一安排和布置工作、互相进行监督和点评、努力营造良好的工作环境；夕会的主要任务是工作任务总结和重点任务解析。

【相关教学知识】

晨会是汽车维修服务企业日常管理工作的缩影，它能及时传递管理要求、分析总结工作展开情况、提供交流经验及互动学习的平台。

一、晨会

1. 晨会的目的

企业每天召开晨会是为了给一天的工作做好准备，有个好的开始，所以，晨会需要检查员工出勤状况；布置当日工作任务；进行政策宣导；鼓舞团队士气。晨会能建立一个检查、交流、激励、提醒的平台，能让服务人员按照管理标准，高效开展一天的工作。晨会记录表见表3-1。

2. 晨会涉及的内容及要求

（1）问候　问候能拉近员工之间的距离，并能使大家的注意力得以集中，精神面貌得以提升。

（2）仪容、仪表检查　服务顾问自身的形象直接影响汽车维修服务企业的形象，所以在仪容、仪表上应达到专业服务人员的要求，并应严格按照汽车维修服务企业的要求进行检查。

（3）总结工作　通过服务顾问自评及服务经理点评的方式，对前一天的工作进行点评，指出较好的地方和需要改进的方面；服务顾问也可以把自己的经验进行分享，相互交换经验，互帮互进。

（4）安排工作　安排当天各个员工需要完成的工作，让每位员工清楚自己当天应该做什么，及时提醒服务顾问任务进度、为达到任务要求应如何去做。

（5）激励团队士气　高的团队士气能提升精神面貌，使员工以高昂的心态面对一天的工作；激励方式可以是口号、动作、表演等形式。

表 3-1 晨会记录表

日期：　　年　　月　　日

主持人			记录人		自检		
晨会考勤							
口号							
接待进度及公司通知							
昨日工作总结							
今日工作计划							
新闻动态							
成功案例分析							
总结					激励士气		
服务主管					服务经理		

二、夕会

1. 夕会的目的

企业每天开夕会是对一天的工作进行总结，并为次日工作做好准备，所以，夕会需要进行数据统计；总结一天的工作；进行政策宣导；针对问题给予员工交流、分享、培训的平台，并对次日工作进行安排。夕会记录表见表3-2。

2. 夕会涉及的内容及要求

（1）个人工作总结　与晨会的工作计划进行对应比较，确认工作任务的完成情况，并说明相关原因。

（2）重点任务解析　对当日重点工作任务进行解析，分析完成情况，并提出个人意见。

（3）成功、失败案例分析　根据当日成功或失败案例，分析问题所在，并提出解决方案。

（4）表单整理检查　整理、检查当日填写的表单，并做好相关跟踪工作。

表 3-2　夕会记录表

日期：　　年　　月　　日

夕会考勤						
会前准备	每日工作计划表、来店/电客户登记表、需求评估表					
每日工作计划表汇报						
工作计划表检讨、需求分析表讨论						
失败案例分析						
次日工作计划						
成功案例分析						
会议总结						
服务主管				服务经理		

【任务实施】

以学习小组为单位，根据晨会、夕会的工作内容制订详细的晨会、夕会召开工作计划，并根据计划进行晨会、夕会情景模拟。通过情景模拟演练，使学生了解晨会、夕会的相关知识。

【评价反馈】

一、学习效果评价

1. 晨会的内容及要求有哪些？

2. 夕会的内容及要求有哪些？

二、学习过程评价

结合学习任务,以学习小组为单位,分别选出 1 名学生作为组织召开晨会、夕会的服务经理,其他同学作为服务顾问,进行晨会、夕会的情景模拟。在完成演练任务后,以小组会议形式进行总结与思考。教师根据晨会、夕会的相关内容进行综合点评。

本任务的学习评价表见表 3-3。

表 3-3 晨会、夕会评价表

服务顾问姓名:		班级:			
序号	评 价 项 目	分数/分	任务评价		
			学生自评	小组互评	教师评价
1	明确工作任务,理解任务在企业中的重要程度	10			
2	能够制订合理的晨会、夕会召开工作计划	20			
3	能够做到仪容、仪表规范	10			
4	能够做到日常行为规范	10			
5	能够通过晨会的召开合理安排每日工作	20			
6	能够通过夕会的召开总结当天的工作	20			
合计		90			
综合评价(评语)					
流程操作					
评价等级			☆ ☆ ☆ ☆ ☆		

任务 2　5S 管理

【任务目标】

1. 熟悉 5S 管理的相关内容。
2. 能对工作环境进行 5S 管理。

【任务导入】

良好的服务环境和布置标准的维修接待区,会让客户感觉到舒适,能让客户消除进入陌生环境的紧张感,而要做到这些必须严格按照 5S 的管理标准进行操作。5S 管理是开展其他管理活动的基石,是企业走向成功之路的重要手段。5S 管理在具体的实施过程中,还应注意很多细节。

【任务分析】

5S 管理标准重在执行与保持,要注重接待区的每个细微之处:对区域中所有的物品要进行整理归类,摆放整齐;每个物品要保持清洁干净;员工要养成良好的行为习惯,提高自身素养。通过制订详细的5S管理制度,并严格按照制度实施操作,能塑造企业良好的形象、降低运行成本,同时能达到安全生产的目的,实现高度标准化管理。

【相关教学知识】

一、5S管理内容

5S管理也被称为5S活动,是企业现场(包括车间、办公室)管理中的一项基本管理。5S是整理(Seiri)、整顿(Seiton)、清扫(Seiso)、清洁(Seiketsu)和素养(Shitsuke)5个项目的简称(图3-1)。

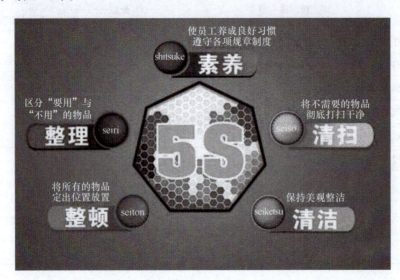

图3-1 5S管理

1. 整理(Seiri)

整理是将工作场所所有物品区分为有必要的与不必要的;把必要的物品与不必要的物品明确地、严格地区分开来;不必要的物品要尽快处理掉。

整理是为了腾出空间,塑造清爽的工作场所。工作过程中经常有一些残余物料、待修品、待返品、报废品等滞留在现场,既占据了空间又阻碍生产,另外还有一些已无法使用的工夹具、量具、机器设备,如果不及时清除,会使现场变得凌乱。

在整理的过程中应对不必要的物品加以处置,全面检查看得到和看不到的工作场所;制订"要"和"不要"的判别基准;将不必要的物品清除出工作场所;需要的物品要根据使用频度决定日常用量及放置位置;制订废弃物处理方法;每日进行自查。

2. 整顿(Seiton)

整顿是对整理之后留在现场的必要物品进行分门别类放置,将其排列整齐,明确其数量,并对其进行有效的标识。

整顿是为了使工作场所情况一目了然,能创建整齐的工作环境、减少找寻物品的时间、消除过多的积压物品。整顿是提高效率的基础。

整顿是整理工作落实的保障,其作用包括:确定流程布置,确定放置场所;规定放置方法、明确数量；画线定位；确定场所、物品标识。

（1）整顿的"三要素" 即场所、方法、标识。

（2）放置场所 物品的放置场所原则上要100%设定；物品的保管要定点、定容、定量；生产线附近只能放真正需要的物品。

（3）放置方法 放置时，要求物品易取，不超出所规定的范围。

（4）5S现场管理法标识方法 放置场所和物品原则上要一对一表示，某些表示方法全公司要统一。

（5）整顿的"3定"原则 定点、定容、定量。

1）定点。即决定放在哪里合适，其位置必须是具备必要的存放条件、方便取用和还原的一个或若干个固定的区域。

2）定容。即决定用什么容器合适，例如筐、桶、箱、篓、车、存放平台，甚至是一个固定的存储空间等均可作为容器。

3）定量。即规定合适的数量（对存储的物件在量上规定上、下限，或直接定量，方便将其推广为容器类的看板使用，一举两得）。

3. 清扫（Seiso）

清扫是将工作场所清扫干净，以保持工作场所干净、亮丽。

清扫是为了消除脏污，保持工作环境内干干净净、明明亮亮。

清扫要做到责任化、制度化。

清扫要建立清扫责任区（室内、室外）；执行例行扫除，清理脏污；调查污染源，予以杜绝或隔离；建立清扫基准，作为规范。

4. 清洁（Seiketsu）

5S现场管理法将前面的3S实施的做法制度化、规范化，并贯彻执行及维持结果。

清洁是为了维持前面3S的成果。

清洁要做到制度化、定期检查。

清洁要落实前面3S工作；制订考评方法；制订奖惩制度，加强执行；负责人经常带头巡查，以表重视。

5. 素养（Shitsuke）

通过晨会、夕会等手段，能提高全体员工文明礼貌水准，使员工养成良好的习惯、遵守规则做事。5S的长时间维持必须靠职业素养的提升。

素养的养成要通过制订服装、仪容、识别证件标准，制订共同遵守的有关规则、规定，制订礼仪守则，强化新进人员5S教育，举办各种精神提升活动（例如晨会、礼貌运动）等手段实现。

二、5S管理的作用

1. 提升公司形象，吸引更多客户和人才

1）公司整洁的工作环境、员工饱满的工作情绪，容易吸引客户。

2）5S管理做得好，通过老客户的宣传，能吸引来更多的新客户。

3）良好的公司形象，能吸引更多的优秀人才加入公司。

2. 营造团队精神，创造良好的企业文化，加强员工的归属感

1）共同的目标能拉近员工之间的距离，建立团队精神。

2）良好的企业文化容易带动员工的积极性。

3）良好的企业文化能使员工在工作时产生一定的成就感。

3. 提高工作效率，减少浪费，降低成本

1）若员工能经常习惯性地整理整顿，则不需要专职整理人员，可减少人力。

2）对物品进行规划分区、分类摆放，能减少场所空间上的浪费。

3）物品分区分类摆放、标识清楚后，能节约找物品的时间、提高工作效率。

4）减少人力、减少场所空间占用、节约时间就是降低成本。

4. 保障工作质量

若员工能养成认真工作的习惯，则工作质量自然有保障。

5. 改善情绪

1）清洁、整齐、优美的环境能给员工带来良好的心情。

2）同事之间谈吐有礼、举止文明，能使员工都有被尊重的感觉，容易营造大家庭的氛围。

3）工作环境优美，工作氛围融洽，工作自然得心应手。

6. 保证生产安全

1）5S 管理会使工作场所宽敞明亮、通道畅通。

2）5S 管理要求地上不得随意摆放、丢弃物品，墙上不得悬挂危险物品，这些都能使员工人身安全、企业财产安全有相应的保障。

三、汽车售后服务工作的十大原则

1. 职业化的形象（图 3-2）

职业化的形象要求：整洁的工作服、利落的发型、不戴金属配饰、穿防护鞋。

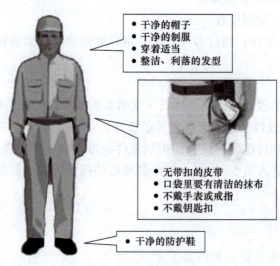

图 3-2 职业化的形象

2. 爱护车辆

爱护车辆要求：使用汽车防护用品（翼子板布、前罩布、转向盘套、座椅套、脚垫、变速杆套、驻车制动手柄套、三角垫块等）（图3-3），小心驾驶客户车辆，在客户车内不吸烟，不使用客户音响设备，清理车内垃圾和零件。

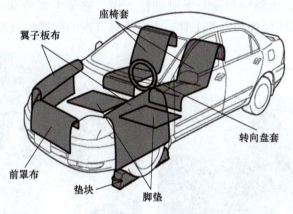

图3-3　汽车防护

3. 环境整洁有序（图3-4）

环境整洁有序要求：拿开不必要的物件、保持零部件和材料整齐有序、清洁和擦净、汽车停正后才可维修。

4. 安全生产（图3-5）

安全生产要求：正确使用工具和设备、工作时切勿抽烟、小心搬运重的物件、按照维修手册操作。

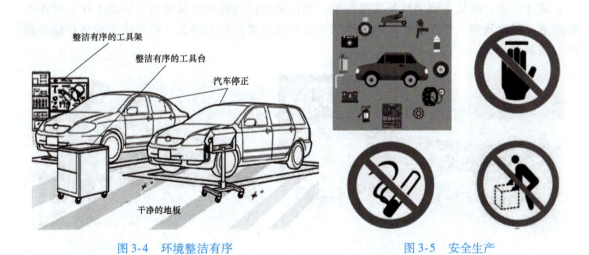

图3-4　环境整洁有序　　　　　　图3-5　安全生产

5. 有计划、有准备地开展工作（图3-6）

具体要求：确认主要项目；了解客户的要求及服务顾问的指示，若出现返工应及时沟通；如果除了规定的工作外还有其他工作，需报告给服务顾问，只有在得到客户的同意后才可进行；做好工作计划（工作程序、准备）；确认库存所有零件；根据维修委托书（工单）工作，避免出错。

6. 快速、可靠地工作（图3-7）

具体要求：使用正确的专业汽车维修工具和测试仪（能进行读码、清码、匹配、波形分析）；根据维修手册、电路图和诊断手册进行工作，避免主观猜测；了解最新技术信息；有不清楚的事情询问车间经理和车间主管；不在维修范围的问题汇报给维修班/组长。

图3-6 有计划、有准备地开展工作　　　　图3-7 快速、可靠地工作

7. 按时完成工作任务（图3-8）

具体要求：检查时间节点；如果提前（或推后）完成任务，或需要做其他工作，需同服务顾问联系。

8. 检查工作任务完成质量（图3-9）

具体要求：确认主要项目是否已完成；确认是否已完成所有其他需要做的工作；确保车辆清洁；将驾驶室、转向盘和后视镜返回到最初的位置；如果钟表、收音机等设备存储被删除，重新设置。

图3-8 按时完成工作任务　　　　图3-9 检查工作任务完成质量

9. 保存更换的零件（图3-10）

具体要求：将更换的零件放在塑料袋或零件袋中；放在预定的位置。

10. 完成后继工作（图3-11）

具体要求：完成维修委托书（工单）和维修报告（内容包括故障原因、更换的零件、维修时间）；未列在维修单上的信息需通知管理人员或领班；在工作中注意到的任何异常情况需告知服务顾问。

图 3-10　保存更换的零件

图 3-11　完成后继工作

【任务实施】

以学习小组为单位，严格按照 5S 管理标准布置整个汽车售后区域，贯彻每个管理办法的具体内容，主要包括展厅物品的取舍、摆放、清洁、整理，特别是接车区域的清洁工作等。制订工作场所 5S 管理工作计划并实施。

【评价反馈】

一、学习效果评价

1. "5S" 中在固定的区域存放相应的物品，属于 "5S" 的（　　　）。
A. 整理　　　　B. 整顿　　　　C. 清扫　　　　D. 清洁　　　　E. 素养
2. "5S" 中，丢弃不需要的东西属于（　　　）。
A. 整理　　　　B. 整顿　　　　C. 清扫　　　　D. 清洁　　　　E. 素养

二、学习过程评价

结合学习任务，以学习小组为单位，制订 5S 管理的工作计划，小组选 1 名代表展示制订的工作计划，其他小组的成员对其计划进行点评。

教师组织学生分工进行汽车售后区域 5S 管理情景模拟演练，在情景演练的过程中要达到 5S 管理要求。由指导教师根据表 3-4 的评价标准进行评价。在完成演练任务后，通过小组会议形式进行总结与思考。

表 3-4　××汽车维修服务企业 5S 检查表

区域	序号	评价项目	分数/分	任务评价		
				学生自评	小组互评	教师评价
办公室接待前台	1	室内桌椅、地面、办公设备是否清洁	3			
	2	办公桌椅摆放整齐	3			
	3	文件摆放有序,能否在 30s 内找到常用文件或物品	3			
	4	接待前台物品摆放有序、名片摆放整齐	3			
	5	五件套/环车检查单/工单等准备充足、摆放规范	3			
	6	接待前台是否摆放整齐、干净	3			
仓库	7	仓库各类标志清楚,标签清晰并及时更新	3			
	8	物件分类摆放,能否在 30s 内找出常用件	3			
	9	过道畅通无阻	3			
	10	货架及时清扫、干净整洁	3			
	11	配备消防器材,且处于正常使用期	3			
维修车间	12	各区域边线清晰、油漆标志清楚、指向明确	3			
	13	作业现场物品/工具摆放整齐有序,30s 能否找出常用工具	3			
	14	作业期间保持"三不落地"(配件、工具、油污不落地)	3			
	15	通道、走道保持畅通,消防设施功能正常、定期检查	3			
	16	工具箱等定位放置,设定责任人	3			
	17	机器设备定期维护,外观清洁,功能正常	3			
	18	旧零件整齐摆放,废件及时处理	3			
	19	车间内动力供给系统加设防护物或警告牌	3			
	20	车间地面、门窗、洗手台、清洁池等保持清洁	3			
	21	车间排水道及时清理杂物	3			
	22	员工按规定着装/戴工牌/防护用品	3			
	23	工单与维修车辆一一对应、摆放合理	3			
客户休息区	24	桌椅、地面整洁	3			
	25	饮用水/茶水/水杯充足、易取	3			
	26	及时清理客户使用过的烟灰缸、一次性水杯	3			
	27	报纸、书刊、杂志及时更新/归位,互联网网络正常	2			
合计			80			
综合评价(评语)						
		礼仪规范				
		沟通技巧				
		流程操作				
		评价等级		☆ ☆ ☆ ☆ ☆		

学习情境 3　接待前准备

任务 3　接待前准备

【任务目标】

1. 了解服务顾问的仪容、仪表准备。
2. 熟悉服务顾问的仪态准备。
3. 能完成预约客户的接待准备工作。

【任务导入】

客户如约而至来维修、维护车辆，发现一切工作准备有序，服务顾问在等待着他的光临，这样客户就会有一个比较好的心情，这是客户对汽车维修服务企业建立信任的良好开端。服务顾问应当具有良好的形象礼仪，并应善于与客户进行有效的沟通，以显示对客户的关注与尊重，体现出高水平的业务素质。

【任务分析】

作为服务顾问，不仅要面对客户，更要做好协调工作。服务顾问是客户与汽车维修服务企业之间的桥梁，要求服务顾问自身有良好的素质、善于表达沟通，也要做好一系列的准备工作，才能确保服务到位、客户满意。

【相关教学知识】

一、服务顾问的仪容、仪表准备

服务顾问在与客户见面之初，对方首先看到的是服务顾问的仪容、仪表，如容貌和衣着。服务顾问能否受到客户的尊重，赢得好感，能否得到客户的认可和赞许，仪容、仪表起着重要的作用，服务顾问的仪容、仪表同时也代表了企业的形象。

◆ **你知道吗**　服务顾问如何修饰仪容、仪表？

修饰仪容的基本原则是美观、整洁、大方、典雅。服务顾问应外貌整洁、干净利落，给人仪表堂堂、精神焕发的印象（图3-12）。

二、服务顾问的仪态准备

◆ **想一想**　你见过的服务顾问的仪态是什么样的？

仪态是人在行为中的姿势和风度，是一种行为语言。从容潇洒的动作，给人以清新明快的感觉；端庄含蓄的行为，给人以沉稳的印象。服务顾问必须在训练中规范个人仪态，尤其要注意自己的站姿、坐姿、蹲姿、行姿。仪态的行为规范见表3-5。

三、接待前准备

1. 确认预约计划

为了使维修车间能合理安排维修工作进度，服务顾问要及时将预约相关信息传递给服务

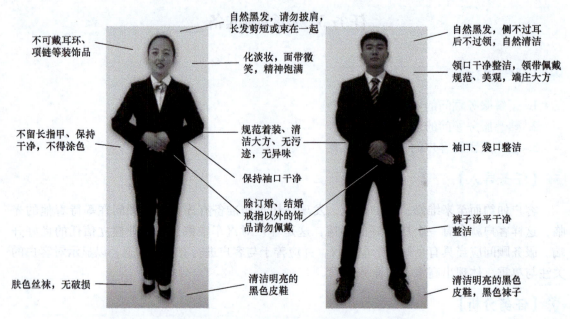

图 3-12 汽车服务人员仪容、仪表规范

表 3-5 仪态的行为规范

仪 态	仪 态 规 范	图 例
站姿	1）挺胸，抬头，收腹，目视前方，形成一种端正、挺拔、优美、典雅的气质美 2）男士：双脚分开，比肩略窄；双手交叉，放于体前 3）女士：双脚并拢，脚尖呈"V"字或"丁"字状，双手交叉放于腹前	
坐姿	1）轻轻入座，至少坐满椅子的 2/3，背部挺直，身体稍向前倾 2）女士的膝盖一定要并起来，不可以分开，脚可以放中间，也可以放在侧边，手叠放于腿上。如果裙子很短，一定要小心盖住 3）男士膝盖可以稍微分开，但不宜超过肩宽 4）不管男士还是女士，当跷腿的时候，都要注意收紧上面的腿，脚尖下压，绝不能以脚尖指向别人，或者上下抖动 5）胸部自然挺直，直腰收腹，肩平头正，目光平视 6）与人交谈时，身体要与对方平视的角度保持一致，身体稍向前倾，表示尊重	

（续）

仪 态	仪态规范	图 例
行姿	1）抬头挺胸，两眼平视前方 2）两腿有节奏地交替向前，步履轻捷，两臂在身体两侧自然摆动 3）充满自信	
蹲姿	1）下蹲时，右肢在前，全脚落地，左脚稍后，脚掌着地，后脚跟提起，左膝低于右膝，臀部向下，上身稍前倾，身体基本上由右腿支撑 2）女子下蹲时两腿要靠紧，男子两腿间可留有适当间隙 3）下蹲时，上体应依然保持正直，左、右脚可交换	

经理、配件经理、车间经理等相关人员，主要的信息内容包括预约客户的姓名、车辆的车牌号和型号、预约服务的项目类型、注意事项、涉及的配件、指定的服务顾问或维修技师等必要信息。服务顾问要与维修车间沟通确认工作量，以便合理安排工作。如果客户临时有事，需要调整预约时间，服务顾问应及时进行调整并通知相关人员进行调整，保证客户来店维修、维护不受影响。

2. 确认备件供应

服务顾问应根据客户预约的项目，确认所需要的备件，及时通知备件部门，对相关备件进行核实，确保备件的存量足够满足客户的需要。服务顾问每天必须对备件的储备情况进行了解，必须懂得如何查询每种备件的价格及工时费的收取。备件的供应应首先满足预约客户的需要。

3. 确认维修计划

服务顾问应按照客户预约时间及项目的要求，对维修技师、维修工位进行事先安排，确认维修、维护所需时间，做到精确细致，这样不仅能缩短客户在店等待时间，而且可以提高维修工位的利用率，提升工作效率。

4. 确认接待前准备

服务顾问应再次确认服务信息，保证不会出现错误。

1）如果客户指定服务顾问，则应及时通知服务顾问，做好接待准备工作；如果没有指定服务顾问，则应事先安排好此时间段工作的服务顾问做好准备。

2）如果预约内容是客户抱怨，则应预先向服务经理报告并要求服务经理在接待时间参与和客户的沟通。

3）如果预约内容是返修项目且需要诊断或需要车间经理或调度员（技术人员）路试检查，则服务顾问需要联系车间经理或调度员并告知情况，使其能提前做好准备工作。

5. 确认客户进店

一般应在预约时间前 1h 再次确认客户是否能准时来店（图 3-13），并提醒客户携带维护手册及行驶证件，注意行车安全。

如果客户临时有事，不能准时到店，则应再次与客户约定下次来店时间，做好预约工作，并及时通知车间、配件、服务经理做好调整工作。

最终确认来店后，应告知客户已经一切准备完毕，并提早 5min 在接待处等待，让客户感受到温馨的服务。

图 3-13　提前电话确认

◆ **做一做**　如何进行电话预约确认？

【任务实施】

1）以学习小组为单位，根据服务顾问仪容、仪表和仪态的要求，制订详细的仪容、仪表、仪态训练的计划并根据计划实施。

2）以学习小组为单位，根据接待前准备内容要求，制订详细的接待前准备计划并分角色进行接待前准备工作情景模拟演练。

通过情景模拟演练，使学生的仪容、仪表、仪态和接待前准备达到汽车维修服务企业的要求。

【评价反馈】

一、学习效果评价

1. 服务顾问的仪容、仪表、仪态有什么要求？

2. 接待前准备工作有哪些内容?

二、学习过程评价

结合学习任务，各小组选派 1 名代表展示制订的服务顾问仪容、仪表、仪态训练计划，其他小组的成员进行评价。教师组织学生实施仪容、仪表、仪态训练，并结合对服务顾问仪容、仪表、仪态的要求进行评价。

个人仪容、仪表打分表见表 3-6。

表 3-6　个人仪容、仪表打分表

部　　位	要　　求	给自己打分（0~5分）	对他人打分（0~5分）

学习情境 4　接待与沟通

接待与沟通环节是服务顾问与客户的首次接触，是汽车维修接待的核心任务之一。客户对企业服务质量的评价很大程度上取决于服务顾问的服务水平。服务顾问的接待工作涉及接待客户、如何进行车辆预检、如何按照业务流程完成接车等任务。

情境目标	1. 熟悉汽车维修服务企业售后服务顾问的素质要求及服务接待礼仪规范 2. 熟悉如何进行汽车维修费用的计算及维修合同的签订 3. 掌握汽车售后服务核心流程、接待技巧，并能灵活运用 4. 熟练掌握服务顾问接待车辆时的相关流程，并能按照职业要求进行自我完善 5. 锻炼自主学习分析能力、自我展示能力，培养团队合作精神与职业道德素养
情境概述	让客户感受到真诚的关心和专业的服务，学会听取、领会并设定客户的期望值，有效地节省客户的时间，让此环节成为客户良好服务体验的开始
情境任务	任务1　接待与沟通准备 任务2　来店客户接待 任务3　环车检查与问诊 任务4　估价与制单 任务5　车辆救援服务
情境准备	人员准备	基本知识	1. 汽车技术基础知识 2. 配件库存及价格查询方法 3. 常见维修项目标准作业时间 4. 汽车维修服务企业运营管理系统操作知识 5. 执行流程的标准话术 6. 常见故障问诊方法和解决方案
		基础技能	1. 具有服务热情和礼仪 2. 属性-作用-益处（F. A. B）技巧 3. 诊断倾听技巧 4. 抗拒处理的说明-复述-解决（C. P. R）技巧 5. 服务价值展示技巧
	工具准备		1. 笔、本 2. 环车检查单、维修委托书、预约车顶牌等 3. 必要的检测工具（胎压表、手电筒、胎纹尺、吸油纸、手套等） 4. 防护用品，包括转向盘套、座椅套、脚垫、变速杆套、驻车制动手柄套等

学习情境 4　接待与沟通

任务 1　接待与沟通准备

【任务目标】

1. 熟悉仪容、仪表检查的内容。
2. 熟悉文件资料和工具准备内容。
3. 能对工作环境进行清洁和整理。

【任务导入】

为什么有些服务顾问的忠诚客户始终很多，不用接车也有客户主动找他接待，并且工资也很高，而有些服务顾问无论怎么接车都没有效果，工资也不高呢？

"接待与沟通准备"是服务顾问给客户留下良好第一印象的"关键时刻"。良好的接待环境，完善的准备工作，迅速、热情、专业的接待能够体现对客户的尊重和关心，给客户留下深刻的印象，赢得客户的信赖，建立良好的互动关系，创造客户的喜悦，提升客户的满意度。

> **多学一点　关键时刻（Moment Of Truth，MOT）的概念**
> "关键时刻"由北欧航空公司前总裁詹·卡尔森提出，他认为关键时刻决定了企业未来的成败，因为对客户而言，他只会记住那些关键时刻（MOT）。人员的外表（Appearance）、行为（Behavior）、沟通（Communication）三方面给人的第一印象所占的比例分别为外表52%、行为33%、沟通15%，这些是影响客户忠诚度及满意度的重要因素。

【任务分析】

在接待与沟通过程中，客户期望的是服务顾问能提供热情、专业的服务，受到尊重并被公平对待。服务顾问必须具备专业素养，以在第一时刻赢得客户的信赖。

【相关教学知识】

◆ **想一想**　接待与沟通前需要准备些什么呢？

接待与沟通准备主要包括图 4-1 所示的内容。

◆ **做一做**　请认真检查一下上岗时的仪容、仪表是否达到了要求。

一、仪容、仪表检查

在开始工作之前，服务顾问应该检查自己的仪容、仪表，确定以饱满

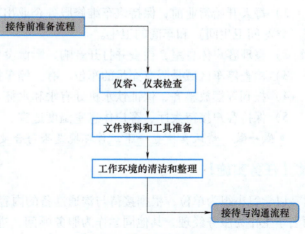

图 4-1　接待与沟通准备

的精神状态、规范的形象迎接客户的到来,给客户留下良好的第一印象,为后续工作奠定良好的基础。

二、文件资料和工具准备

在客户到达之前,需要先检查相关文件、工具和工作环境,确定没有问题,以便客户到达时可以更快地进入工作状态,同时可以给客户一个舒心的环境。

1)检查预约计划表、预约标识牌、环车检查单、环车检查工具包(多功能手电筒、胎压表、胎纹尺、制动油检测笔等)等相关资料是否准备好。

2)在接车前,要对接车工位进行整理安排,严格遵守5S的管理要求,做到接车工位畅通。

3)准备好维修防护的五件套(座椅罩、转向盘罩、脚垫、驻车制动手柄套、变速杆套)并摆放整齐(图4-2)。

4)准备好必要的文件资料和工具(如名片、维修价目表/常见维修估价参考表、零件目录、价格目录以及质量保修工作指南等)。

5)检查接待前台每台计算机是否能正常连接系统(DMS系统)以及打印机等是否能正常使用。

6)查看、整理客户预约计划表或DMS系统中的"预约看板",并及时更新客户"预约欢迎板"内容。

图4-2 五件套

7)提前1h与预约当日来站服务的客户进行电话联系,确认客户具体来站时间,如果确认预约客户能够如期而来,可提前准备好环车检查单,以节省接待中的洽谈时间。

8)检查来电显示电话是否正常工作。

◆ 做一做 请认真检查文件资料和工具是否准备齐全。

三、工作环境的清洁和整理

1)每天开始营业前,保持汽车维修服务企业出入口、服务接待区、客户休息室、洗手间(含车间卫生间)和车间的卫生。

2)整理客户休息室,检查并打开音响、影像设备,保证计算机处于正常状态。

3)检查停车区域是否有充足的车位,有无停车指引的相关标识。

4)报刊等摆放整齐,保证饮水机处有水和水杯。

5)保持客户接待大厅、客户休息室温度适宜。

◆ 做一做 请认真检查一下工作环境是否符合要求。

【任务实施】

以学习小组为单位,根据接待与沟通准备的内容制订详细的准备工作计划,并分别选出两名学生作为服务经理,其他同学作为服务顾问,进行接待与沟通前准备工作的模拟演练。通过接待与沟通准备工作的演练,使学生的仪容和仪表准备、文件资料工具准备及工作环境的清洁和整理准备达到汽车维修服务企业的标准要求。

【评价反馈】

一、学习效果评价

1. 接待前文件资料和工具需要做哪些准备？

2. 接待前哪些工作环境要进行清洁和整理？

二、学习过程评价

结合学习任务，各小组选 1 名代表通过图片、PPT 介绍本组接待与沟通准备的工作计划，其他小组的成员对该组的汇报要点、分工合作等进行评价。

教师组织全体学生根据任务分工情景模拟接待与沟通准备流程，并进行评价。

本任务的学习评价表见表 4-1。

表 4-1 接待与沟通准备评价表

服务顾问姓名：		班级：			
序号	评 价 项 目	分数/分	任 务 评 价		
			学生自评	小组互评	教师评价
1	服务顾问着装规范，外表整洁	5			
2	客户来店后及时提供充足数量的环车检查单、防护五件套等	5			
3	环车检查工具包准备好	5			
4	客户预约的备件已经准备好	5			
5	维修车间有技师和维修工位	5			
6	维修工具、名片、客户信息等资料准备齐全	5			
7	做好客户在约定时间来店的准备	5			
8	客户在约定时间段来店，但预留工位已作安排时，妥善处理	5			
9	客户在约定时间段未来店，但预留工位已作安排时，妥善处理	5			
10	客户主动来电话变更预约时间时，妥善处理	5			
	合计	50			
	综合评价（评语）				
	礼仪规范				
	沟通技巧				
	流程操作				
	评价等级		☆ ☆ ☆ ☆ ☆		

任务 2　来店客户接待

【任务目标】

1. 了解来店客户接待的重要性。
2. 了解在店客户接待中客户的期望。
3. 熟悉客户接待环节的关键点。
4. 能对来店客户进行接待。

【任务导入】

服务顾问的接车工作看似简单，其实十分繁琐，服务顾问每天都要和形形色色的客户打交道，要面对各种各样的车辆故障和有各种各样要求的客户。对服务顾问而言，保证对每一位客户的服务质量不是一件简单的事。

【任务分析】

服务顾问的服务质量影响企业后续的服务能否顺利开展，服务顾问要做好这项服务工作需要有丰富的专业知识和灵活的沟通技巧。

【相关教学知识】

一、接待的基本知识

接待工作是服务顾问给客户留下良好第一印象的关键时刻。迅速、热情、友好、专业的接待能够体现对客户的尊重和关心，给客户留下深刻的印象，赢得客户的信赖，建立良好的互动关系，提升客户的满意度。

1. 接待环节中的客户期望

在接待环节，客户希望服务顾问能迅速出迎、热情服务，让自己感觉受到尊重（图4-3）。服务顾问了解客户的这些期望对于提高客户的满意度是很有帮助的。

客户接待

到达4S店时，希望第一时间有人主动热情地接待我；引导我将车辆停好后为我提供快速周到的服务；能及时关注我的需求；不要给我太大的压力。

图4-3　客户的期望

2. 客户接待的主要内容

客户接待贯穿于整个维修接待流程中，主要内容如图 4-4 所示。

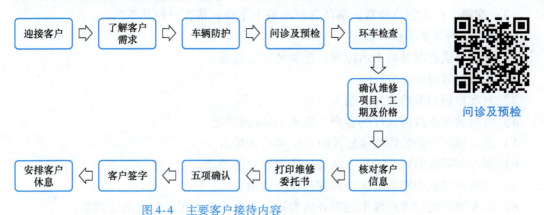

图 4-4　主要客户接待内容

3. 客户接待流程（图 4-5）

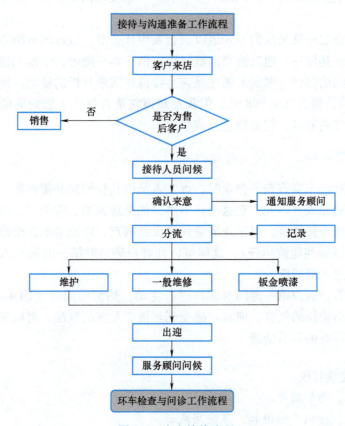

图 4-5　客户接待流程

4. 客户接待的关键点

（1）指引　客户到达后，保安应指示客户进入停车区，并向客户敬礼，表示欢迎。

（2）引导　引导人员应问候客户，了解客户是否有预约；确认客户来意，询问客户作业分类；通知服务顾问及时接待客户；引导客户车辆进入接待区，按照作业类别停入接待工位。

(3) 迎接　应向客户致意，确认客户准备下车后，帮客户打开车门。

5. 客户接待环节的执行要点

1）入口处设有明显的指示标牌，标牌清洁、易懂。
2）备有足够的停车位。
3）对客户做到笑脸相迎、亲切问候。
4）对刚到业务接待大厅的客户，能在1min内接待。
5）服务顾问在最忙碌时能够及时回应客户的要求。
6）服务顾问能够诚心诚意、认真地听取客户的要求。
7）与客户谈话中断的时候，向客户说明理由。
8）服务顾问能对客户提出的服务内容进行再度确认以保证自己真正理解。
9）如果客户顾虑太多，服务顾问能请车间经理出面帮忙。
10）服务顾问做到倾听客户的问题，并与客户一起发现问题。

6. 概述

客户最大的疑虑之一就是他们不知道以后会发生什么事，最好的解决方法是向他们说明将会发生的事，这就是概述。通过恰当的概述可以消除客户疑虑，带他们进入舒适区，并建立起客户对服务顾问的信任。事实上概述是连接接待和需求分析的桥梁。例如，服务顾问可以说："这次维护的价格大概是998元，但我不知道它是否超出了您的期望，您能否花几分钟时间跟我谈一下您的要求，您觉得怎么样？"

二、来店客户接待

当客户开车来到汽车维修服务企业时，保安人员应礼貌问候并指挥客户停车，同时使用对讲机等通信工具通知服务顾问。在这个环节中，如果遇到雨、雪天气，保安人员应使用雨具帮助客户下车并送至接待区。对于业务量比较大的网点，应该考虑在维修高峰期设立维修引导员（可以由服务顾问轮流担任），这样可以在客户到达时第一时间有人接待，使客户情绪更快地由焦虑区进入舒适区。

服务顾问见到客户后应第一时间对客户进行主动、热情的问候（图4-6）。这样做的目的是为接待工作创造愉快的气氛，使客户感受到热情、友好的氛围。可以建立客户的信任和消除客户原本可能存在的不满情绪。

> **多学一点　交谈礼仪**
>
> 1）主动寒暄，面带微笑。
> 2）音量适中，语调平稳谦和，多使用敬语。
> 3）交谈过程中应注意话题的选择，不要提及过于私人的话题。
> 4）注意倾听，尽量让对方多说。
> 5）合适的交谈距离为1.2m左右。
> 6）交谈中可配合适度的肢体语言，但不宜过多，动作不宜过大。

◆ 做一做 请按照交谈的礼仪进行接待客户练习。

1. 操作步骤与要点

热情和真诚应是发自内心的，不可做作和带有功利色彩。在接待区见到客户时，必须起立迎接客户并进行问候；在停车区见到客户时，应主动问候并指引停车。在接待初次见面的客户时，服务顾问应主动进行自我介绍、握手并双手递上名片（图4-7）。

> **多学一点 指引礼仪**
> 1) 手臂自然伸出，手心向上，四指并拢。
> 2) 站在汽车行驶前方，引导顾客将车辆停入停车位。
> 3) 车辆停稳后快步上前，站立在汽车驾驶人侧A柱附近，用左手拉开车门，右手挡在车门框处。
> 4) 待顾客熄火、下车后，轻轻关上车门。

◆ 做一做 请按照规范动作要求指引客户。

图4-6 主动问候客户

图4-7 服务顾问的自我介绍

> **多学一点 自我介绍礼仪**
> 1) 态度自然、友善、亲切、随和。
> 2) 介绍本人姓名、供职单位及具体部门、担任职务和所从事的具体工作。
> 3) 介绍前先向对方点头致意，得到回应再向对方介绍自己。

◆ 做一做 请按照标准的介绍礼仪进行自我介绍。

> **多学一点 握手礼仪**
> 1) 长为先、主人先、女士先、领导先。
> 2) 右脚跨前一步，身体微微向前倾与对方握手，待对方握紧后稍用劲回握。
> 3) 小幅度范围，用力上下摇动两次，稍作停顿后，立即松手。
> 4) 面带微笑，真诚地注视对方。

◆ 做一做 请按照标准的握手礼仪进行见面握手训练。

多学一点　名片礼仪

1) 存放名片应使用名片夹，一般放在上衣口袋内。
2) 递送名片时，面带微笑，稍欠身，注视对方。
3) 将名片正面对着对方，用双手的拇指和食指分别捏住名片上端的两角递送给对方。

◆ **做一做**　请按照正确的使用名片的礼仪递送名片。

2. 标准动作示范

服务顾问应面带微笑，双手握于腹前，身体略往前倾，同时要与客户有眼神沟通，需要引导客户时用手势进行指引。

3. 话术示范

服务顾问应使用礼貌的语言。

> 话术示范："您好，欢迎光临""早上好""您好，请坐""您好，很高兴为您服务""您好，我是服务顾问×××，请问有什么可以帮助您的"。

4. 高峰时间的处理

当遇到接待高峰，出现有客户等待时间超过 10min 时，服务顾问应该及时通知售后经理或者服务经理，临时抽调人手参与接待工作。服务顾问应该主动与等待的客户打招呼。

> 话术示范："先生，您先坐一会儿，再有几分钟就轮到您了。"

5. 多种措施应对接待高峰

应对接待高峰的措施：售后业务经理或者服务经理参与接待客户；客户关系顾问可以负责欢迎和引导客户，安抚客户情绪；有些诊断工作和试车可以移交给车间处理；技术专家参与对客户车辆的诊断；可以先开具手写工作单据，事后再录入 DMS。

三、了解客户需求

在主动问候客户后，服务顾问应马上询问客户的需求，这样做的目的是可以根据客户的需求尽快进行相应安排。了解客户需求的过程称为需求分析，需求分析是顾问式服务过程中非常重要的一环。通过分析客户需求和期望，可以发掘需求和期望背后的感性和理性购买动机，了解符合客户潜在需求的产品和服务。一般的接待人员普遍认为客户知道他们想要什么，因此就不再向客户询问任何问题，只是让客户说出自己感兴趣的项目，想当然地认为客户已经做出了决定，这样接待人员就放弃了引导的角色。其实有很多客户在进入汽车维修服务企业时，根本不知道他们真正的需求，所以服务人员要多提问。如果不了解客户的真实购买需求，不根据客户的需求有针对性地进行服务和产品销售，那么销售的成交机会是不大的。

需求分为表面需求和深层次需求，客户说出来的往往是表面的需求，只是"冰山一角"，其实客户的更大需求或者让其做出购买决定的需求往往是"冰山下面的需求"（深层次需求），这就是客户需求的冰山理论。服务顾同进行需求分析的目的是关注客户的目标和愿望、客户的困难和难题，而不要在客户购买的产品或服务上进行纠缠，这也是需求分析的意义和价值所在。通过"冰山理论"（图4-8），可以发现客户需求分为理性需求、感性需求、主要需求、次要需求。例如，客户前来修汽车空调的冷气故障，他的主要需求是修好冷气故障，使空调制冷；次要需求是越快越好，顺便检查车辆、洗车、充气；理性需求是价格便宜，保证质量，有保修；感性需求是觉得舒适等。

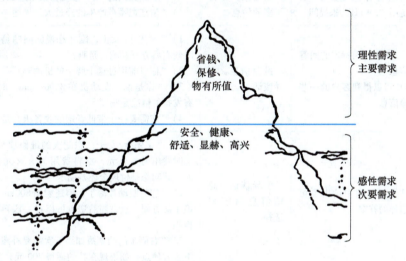

图4-8　需求的"冰山理论"

需求分析的方法主要是提问和积极式倾听。

1. 提问

通过提问可以引出话题，给出对话方向，鼓励对话方的参与；可以建立客户的信心，使客户有一种被重视、被认同及找到知音的感觉；可以表示出兴趣与同情，使合作关系更合理。常用的提问方式见表4-2。"5W1H"问题见表4-3。

2. 积极式倾听

积极式倾听主要指听话不能听一半，不要把自己的意思投射到别人所说的话上；要理解客户的意思，帮助客户找出他们自己的需求。积极式倾听中的技巧主要有探查和复述。

探查就是对谈话者刚才所说的话题或听者所关心的话题进一步提问，以获得更多的信息，使说话者所说的多一些或使听者找到更合适的回答。常用的探查方式见表4-4。

复述主要是将听到的信息反馈给谈话者并表达理解和接受对方的意思。

3. 正确的对话技巧

在需求分析环节，服务顾问要学会用正确的对话技巧，这样可以有效、快速地沟通，以准确把握客户的需求。

常见的对话技巧有：使用客户能理解的语言、使用清晰简单的句子、话不要讲一半、平静而又自信地传递信息、交谈时紧扣重点、表现出同情心、对客户的不同意见表现出友好的态度、通知客户时意思表达清晰、提供给客户正确的建议、确认客户的陈述。

4. 需求分析的关键环节

需求分析环节的关键点有很多，经过企业的总结，大概有以下几点：

1）服务顾问是否运用提问与倾听的技巧，了解客户需求。

表 4-2　提问方式

提问方式	特　点	作　用	话　术　示　范
开放式提问	1）提及的范围比较广，回答并不固定 2）会获得大量的回答，从而获得客户更多信息，可使用"5W1H"来提问	寻找共同点或共同话题，有助于更好地评估客户的需求，获得更多的信息	1）"您好，我是×××店的服务顾问×××，很高兴为您服务，请问您有什么需要？" 2）"请您简单说一下，您是怎么使用的，好吗？" 3）"上次更换的 CD，您觉得效果怎么样？" 4）"请您把噪声产生的经过大致描述一下好吗？"
封闭式提问	1）用来询问特定的回答或信息 2）可以得到客户的一些准确信息	过渡信息，主导谈话	1）"×先生/女士，刚才您说的问题是踩制动踏板的时候右后方有异响，是吗？" 2）"你以前用过这个牌子的机油吗？" 3）"你是说，发动机在 3000r/min，时速 100km 时，有发抖的情况是吗？" 4）"您需要一个带低音炮的收音机，是吗？"
选择式提问	已经在问题中给出了可供选择的答案	引导谈话，总结信息给客户选择	1）"×先生/女士，您此次的维修项目是××××，工时费用为××元，材料费用为××元，合计为××元。请问您是付现金还是刷卡？" 2）"您的制动片薄了，但还能用 800km 左右，你现在换了会方便一点，当然您也可以过一段再换，您看今天换吗？" 3）"右侧车门的划痕如果下次需要补漆时一起处理一下会方便点，如果现在补的话得 200 元，您看呢？"
建议式提问	1）在问题中已经含有了提问者想要的答案 2）被问者难以给出另一个与之不同的答案	结束谈话，协助客户做出选择	1）"×先生/女士，车辆维修维护完后帮您洗个车，时间方便吗？" 2）"您看右侧的划痕今天一起补吗？其实我觉得……" 3）"CD 您需要换吗？其实我觉得……"

表 4-3　"5W1H"问题

英　文	中　文	话　术　示　范
What	什么	您想要"什么"样的脚垫
Where	哪里	您说的行车异响具体是指"哪里"
When	何时	您"何时"取车
How	怎么样	您怎么样来
Why	为什么	"为什么"不想解决空调压缩机异响
Who	谁	"谁"跟您说的 5000km 不需要做维护

表 4-4　常用的探查方式

探查类型	使用环境	话　术　示　范
详细式探查	当谈话者的话中没有包含足够的信息或部分信息没有被理解时所用的探查	"关于这一点，你能再讲讲吗？"
阐明式探查	当信息不清楚或模糊时所用的探查	"不想做免费检测是什么意思？"
重复式探查	在谈话者回避话题或没有回答先前的问题时所用的探查	"再请问一下，制动片这次要不要换？"
复述深入式探查	在鼓励谈话者深入地讲述同一话题时所用的探查	"您说您对我们不满意？"

2）服务顾问是否向客户建议了服务项目。

3）服务顾问是否说明了维护与维修的好处。

4）当配件库存不足时，服务顾问是否能告知客户本企业是以最短时间来订配件的。

5）服务顾问是否想方设法快速而准确地给出报价单。

6）价格是否合理，是否物超所值。

7）服务顾问是否对报价进行了详细的分析，以备应对客户。

8）服务顾问是否对维修进行了估价、估时，并事先提示客户（如有不明白的地方请客户一定问清楚）；为了使客户清楚价格以及经营的服务内容，在接待处是否加以明确表示；在受理维修时，服务顾问是否确认了与客户的联系方式。

9）服务顾问与客户约定的时间有变动时，服务顾问是否立即通知了维修技师、车间经理或调度员、配件人员。

10）有维修增补项目时，服务顾问是否事先征得了客户的认可。

5. 需求分析操作步骤与要点

客户到汽车维修服务企业的目的可能是维修维护、购买精品附件、购买保险、参加活动、咨询中的一种或几种，了解到客户明确的需求后，接待人员才能够有效快速地进行指引和安排。询问时应注意聆听，不要强加自己的主观意识，分清客户的主要目的和次要目的，避免思维定式、主次不分。客户有时会忘记部分需求，服务顾问可进行主动提示。

> 话术示范："×先生/女士，您好，请问我能帮您做些什么？"
>
> 话术示范："×先生/女士，您好，此次除了做维护之外，还需要我帮您做些什么呢？"

【任务实施】

以学习小组为单位，严格按照来店客户接待的工作内容，制订来店客户接待和需求分析的工作计划，并按照计划模拟来店客户接待和需求分析。

以学习小组为单位，根据来店客户接待要点制订详细的工作计划，并根据计划请每个小组选派两名同学分别扮演服务顾问、客户，针对来店客户接待环节进行情景模拟演练。通过演练，使学生掌握来店客户接待的相关知识。

【评价反馈】

一、学习效果评价

1. 接待来店客户时，需要知道客户来店意图时应该（   ）。

   A. 询问客户来店意图　　　　　　　B. 仔细倾听客户的报怨

   C. 认真记录客户描述的故障情况　　D. 复述客户描述的故障

2. 客户来4S店维修最大的期望是（   ）。

   A. 配件正宗　　　B. 服务态度好　　　C. 一次修复

   D. 快速、高效　　E. 价格全国统一

3. 为了让客户更多地说明问题,应该用什么提问方式提问?(　　)
A. 探询式提问　　B. 描述性提问　　C. 选择式提问
D. 封闭式提问　　E. 开放式提问

二、学习过程评价

结合学习任务,各小组选派 1 名代表通过图片、PPT 介绍本组来店客户接待和需求分析的工作计划,其他小组的成员对该组的汇报要点、分工合作等进行点评。

教师组织全体学生根据任务分工情景模拟来店客户接待和需求分析流程,并进行点评。本任务的学习评价表见表 4-5。

表 4-5　来店客户接待评价表

服务顾问姓名:		班级:			
序号	评价项目	分数/分	任务评价		
			学生自评	小组互评	教师评价
1	站在车辆行驶前方,引导车辆入位,动作规范	5			
2	主动确认预约客户姓名并在接待过程中始终尊称客户	5			
3	主动问候客户并自我介绍,主动递送名片(文字正面向顾客方向)	5			
4	主动确认顾客预约的项目并主动询问有无其他需求	5			
5	服务顾问着装规范,外表整洁,对客户进行主动指引和沟通,行为符合礼仪规范	3			
6	服务顾问举止自信,语音、语速适中,语言表达清晰	3			
7	在服务过程中,熟练使用倾听、提问的技巧,并能灵活运用 FAB 等应对技巧	5			
8	回应客户的讲话,并有肢体语言"目光接触"或"点头",而且及时记录下客户的信息	5			
9	在接待的过程中及时关注顾客的感受并对顾客进行适时地寒暄、赞美	4			
	合计	40			
综合评价(评语)					
	礼仪规范				
	沟通技巧				
	流程操作				
	评价等级		☆　☆　☆　☆　☆		

任务 3　环车检查与问诊

【任务目标】

1. 能针对客户的问题描述进行问诊和环车检查。
2. 能独立完成环车检查单的填写。

学习情境 4　接待与沟通

【任务导入】

服务顾问不仅要接待好客户，同时也要初步确定车辆故障，以便开具维修委托书。环车检查与车辆问诊环节是展现服务顾问专业形象、反映服务顾问工作能力和建立客户信心的最佳时机，服务顾问与客户接触的过程中，若能认真、专业、正确地执行实车检查工作，就能保证车间的维修质量和维修效率，提升客户的满意度。

【任务分析】

在环车检查与问诊过程中，客户的期望是服务顾问能够仔细倾听其维修需求，认真专业地主动询问。服务顾问当面认真、专业地做进一步实车检查，既能保证客户的权益，提高汽车维修服务企业的服务质量，又能主动检查出车辆的其他故障问题。

【相关教学知识】

一、问诊及预检

许多客户到汽车维修服务企业来可能没有很明确的维修要求，他们只是觉得车辆某些方面可能有问题。这就需要服务顾问能够通过问诊和车辆预检发现问题，并以专业的知识为客户提供维修建议或者消除客户的疑虑。高效准确的问诊和预检工作能够帮助服务顾问从一开始就发现客户车辆问题所在，有针对性地制订方案、实施服务，还可以为车间的技师提供更多客户需求信息及车辆信息，以便更好地完成客户的要求，提高一次修复率。

1. 客户对问诊与预检的期望

在问诊与预检环节，客户的期望是：希望服务顾问能仔细倾听他关于车辆故障的描述和维修需求；能认真、专业地主动询问；能当面做进一步的实车检查并能主动检查出车辆的其他故障问题。了解客户的这些需求，对做好诊断工作、提升客户的满意度是至关重要的。

2. 预检环节流程

预检环节的流程如图 4-9 所示。

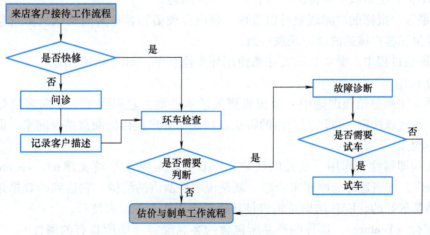

图 4-9　预检环节的流程

3. 预检任务

预检的任务是通过预先检查发现车辆存在的潜在问题，并建议客户进行修理。

4. 操作步骤与要点

当客户抱怨车辆有问题而不能直接判断或当遇到车辆使用年限超过 2 年（或者车况较差）的报修车辆时，要积极地进行预检工作。

车辆预检的方法有很多：对于车辆年限超过保修期的车辆，应该按照车辆入场检查文件的要求进行检查；对于客户抱怨有问题的车辆，应该根据客户的描述重点检查，必要时请求技术专家的帮助；可以充分利用预检工位的举升机进行检查（特别是对于车辆底部的检查）。

二、环车检查

在正式确定维修内容之前，服务顾问需要和客户一起对车辆进行仔细检查。这样做的目的是和客户共同确认问题并记录车辆情况，帮助客户了解自己车辆的基本情况，保证客户在取车时车辆情况（除维修部分）与送来时一致。

1. 任务

环车检查要求服务顾问快速对车辆外观、内饰、发动机舱和行李舱等进行检查，对于发现的问题要及时告知客户并提供相应的解决方案。

2. 检测工具

胎压表、手电筒、胎纹尺、吸油纸、手套等。

3. 操作步骤与要点

环车检查的主要步骤是检查车内、外观、轮胎、发动机舱、行李舱。

1）对检查中发现的问题必须客观、准确地告知客户。

2）如果客户报修要求检查异响或电路问题，应重点检查故障部位附近的外观情况，看是否有维修过的痕迹。

3）将检查中的问题准确地记录在维修委托书（工单）上，并在维修委托书上注明，最后请客户签字确认，这样可以避免交车时出现纠纷。

4）在检查中，若发现自己不能处理的问题要说明，不要敷衍客户。

5）环车检查也是服务销售的过程，严禁夸大问题。

6）如果客户报修的故障现象可以重现，则应在现场和客户共同确认故障现象，保证出现的故障现象和客户描述的故障现象一致。

7）在预检过程中，服务顾问要注意使用环车检查单，如图 4-10 所示。

4. 话术法则

FAB 话术法则是销售理论中一个很重要的话术法则，它提供了一个向客户介绍商品的话术逻辑，通过该法则，可以将产品的特点、功能与客户获得的利益结合起来，促进客户对汽车产品的购买。

FAB 法则即属性、作用、益处的法则，FAB 对应的是 3 个英文单词：Feature、Advantage 和 Benefit，按照这样的顺序来介绍，就是说服性演讲的结构，它达到的效果是让客户相信你的产品是最好的，FAB 法则是销售技巧中最常用的一种说服技巧。

（1）属性（Feature） 即你的产品所包含的客观现实（即所具有的属性）。例如，讲台是木头做的，"木头做的"就是产品所包含的某项客观现实、属性。

学习情境 4　接待与沟通

环车检查单	No.		接车检查时间		年　月　日　时　分		预约类型	非预约□	预约准时□	预约非准时□
车牌号码			送修顾客				顾客类型	正常□	返修□	投诉□
行驶里程		km	联系电话				服务类型	检查调整□	首次维护□	定期维护□
车辆型号			车身颜色				一般维修□	钣金喷漆□	保修索赔□	其他：
顾客主诉										
故障描述	路面条件	高速路□		沥青路□		水泥路□	砂石路□		泥土路□	其他：
	路面状况	平坦□		上坡□		下坡□	弯道（急）□		弯道（缓）□	其他：
	天气条件	晴天□		雨天□		雪天□	风天□		（　）℃	其他：
	发生频度	仅1次□		经常□		定期□	不定期□		（　）次	其他：
	行驶状态	加速（急）□		加速（缓）□		减速（急）□	减速（缓）□		（　）km/h	其他：
	工作状态	冷机□		热机□		起动□	空调起动□		（　）档位	其他：
诊断结果										

燃油量显示用"→"标识	外观部件异常：在异常部位处用相关符号标识	内饰部件异常用"X"标识	
（F/E 燃油表图示）	划痕－H 掉漆－D 凹陷－A 裂纹－L 破损－P 其他－X （车辆外观视图）	转向盘	
		喇叭	
		仪表显示	
		中央显示屏	
		音响	
		空调	
故障警告灯异常：用X标识		点烟器	
（警告灯图示） 其他异常警告灯：		内部后视镜	
		车窗	
		天窗	
		座椅	
		安全带	
		驻车制动器	
		内饰和其他	

遗失部件记录	前部标识□	后部标识□	轮毂盖□	随车工具□	备用轮胎□	其他：
其他记录事项						

委托维修条款

尊敬的客户：
　　欢迎您来到我公司维修、维护您的车辆。为确保您在我公司维修过程顺利，并配合我们的工作，请您仔细阅读以下的注意事项：
　　★在维修前，请把您的物品从车内取出，自行妥善保管。
　　★车辆在维修期间，您同意我厂因维修上的需要在公路上试车。
　　★在维修期间，维修之后，如果您的车辆出现与本次维修项目无关的故障，我们不提供免费保修服务。
　　★对于您的车辆在我公司由于不可抗力的自然因素造成的损坏，我们将不承担赔偿责任。
　　★在维修过程中，不排除因零件老化、硬化或锈蚀的原因造成零件在拆卸时损坏的可能，由于此种原因导致的零件损坏我们将不承担责任。
　　★按照维修行业管理部门的要求，您的车辆维修后在正常使用条件下享有以下权力：
　　小修车辆在维修后 10 天或 2000km（以先到为准）之内，我公司对维修内容进行质量担保。二级维护车辆在维修后 30 天或 5000km（以先到为准）之内，我公司对维修内容进行质量担保。大修车辆在维修后 100 天或 20000km（以先到为准）之内，我公司对维修内容进行质量担保。

贵重物品提示	在您的车辆开始维修前，请您将车辆内的贵重物品自行带走并且进行妥善保管，如果出现遗失，本店不需要负责				
服务顾问签字		送修顾客签字		交车环车检查	已经确认□
				交车检查时间	年　月　日　时　分
维修项目完成	已经确认□	废旧配件处理	已经确认□	车辆清洁情况	已经确认□	取下车辆标识牌	已经确认□

图 4-10　环车检查单

（2）作用（Advantage） 就是能够给客户带来的用处。

（3）益处（Benefit） 就是给客户带来的利益。例如，讲台是木头做的，而"木头做的"给客来的益处就是非常轻便。

针对木头讲台，利用FAB话术法则应该这样解释：这个讲台是木头做的，搬起来很轻便，所以，使用非常方便。这样的话术会让客户觉得产品满足了他的需求，并且愿意购买该产品。

在进行汽车维修、维护服务时，可以运用FAB法则向客户进行说明，相应FAB法则见表4-6。

表4-6 FAB法则

F：属性（Feature）	A：作用（Advantages）	B：益处（Benefit）
车辆维护或者维修主要解决的问题或故障	对车辆进行操作，满足维护或者维修的需求	此服务对车辆或者客户带来的利益
话术示范："您要求我们检查后制动装置，因为在制动时有异响"	话术示范："检查制动装置后，我们发现制动衬块松动了，这就是引起噪声的原因。因此，我们做了一些调整，现在制动衬块已经正确就位"	话术示范："调整不仅能消除异响，同时也能改进制动装置的灵敏度并且可提高使用寿命"

◆ **做一做** 结合对FAB法则的理解，编制燃油添加剂、发动机维护产品、空气滤清器、高标号机油、SUV车型外饰件等对应的话术。

5. 环车检查路线及内容

在进行环车检查时，服务顾问最好带领客户沿着一定的路线进行环车检查，这样可以大大节省时间并且做到检查无遗漏。环车检查一般按照如图4-11所示的顺序进行。检查车辆内部时，视线要从上到下，特别是应注意检查保险杠下部轮胎及轮毂、车门槛下部、后视镜等容易忽略的地方。

（1）迎接

1）帮客户打开车门（图4-12）。服务顾问应站在驾驶人侧A柱旁，确认客户准备下车（客户松开安全带，手伸向内拉手准备开门时）后，上前一步拉门把手，后退一步打开车门，帮客户打开车门，然后将环车检查单夹移至左手，走至车门边，右手放置在车门上方护头，待客户下车后，再上前一步轻轻关上车门。

> 🎙 **话术示范**："麻烦您把驻车制动拉一下，将您的维护手册交给我登记一下，可以吗？请在下车前携带好您的贵重物品！谢谢！"

注意事项：在客户下车前提醒客户带走车内贵重物品（如手机、现金、首饰等）。

2）安装五件套（图4-13）。当着客户面安装防护五件套：先放脚垫，再罩座椅罩，最后套转向盘罩、变速杆套和驻车制动手柄套。

> 🎙 **话术示范1**："×先生/女士，为确保在维修过程中保护您车辆的内饰，我需要铺设服务防护用品，请您稍等。"
>
> 🎙 **话术示范2**："×先生/女士，为了保护您的车辆，我们将为您的爱车安装防护五件套，以免在维修、维护过程中，维修技师不小心弄脏您的爱车。"

学习情境 4　接待与沟通

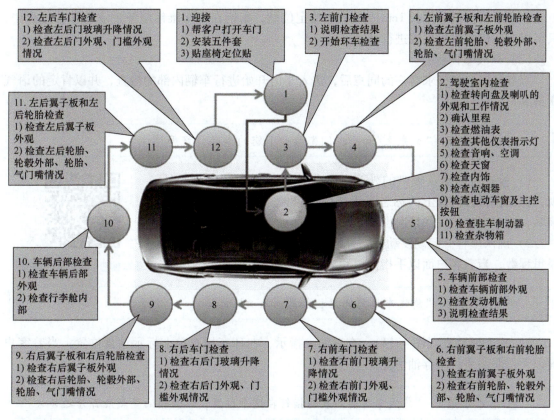

图 4-11　环车检查的顺序

注意事项：若服务顾问手中拿了文件夹，可将文件夹放置在脚垫上，切勿将文件夹和笔放置在仪表板或座椅上，以免划伤车辆。

3）贴座椅定位贴（针对没有记忆功能的车辆）。使用座椅定位贴在门槛上对座椅位置进行标记，以座椅最前沿为定位点。

环车检查-铺设防护五件套

图 4-12　帮客户打开车门

图 4-13　安装五件套

> 话术示范："×先生/女士，我现在贴座椅定位贴，为您最舒适的位置做好标记定位，完工后我会将您的座椅返回原位。"

75

汽车维修接待实务

注意事项：可采用长 1cm 左右的座椅定位贴，车辆在汽车维修服务企业的移动过程中，只可以对座椅的前后位置进行调整。

(2) 驾驶室内检查

服务顾问应在征求客户的同意后，进入车内开始进行车辆内部的检查，并以肯定的语气邀请客户。

> 话术示范："×先生/女士我们先看一下您的车况，好吗？"

1) 检查转向盘及喇叭的外观和工作情况。检查转向盘的外观，仔细查看转向盘上的标志有无褪色现象，并用手正确地按压喇叭，检查喇叭的工作情况。

2) 确认里程。起动发动机，查看里程表，在环车检查单上记录里程数，当着客户面以手指向里程表说出里程数。

环车检查-驾驶室内检查

> 话术示范："您汽车目前的里程数是×××km。"

3) 检查燃油表（图4-14）。查看油表指示，在环车检查单上标示油量位置，当着客户面以手指向油表说出存油情况。

> 话术示范1："您汽车目前油表的指针在这个位置，燃油箱油量剩余百分之××。"

图4-14 里程表、燃油表

若发现客户车辆存油不多，应主动善意提醒加油。

> 话术示范2："×先生/女士，您的汽车存油不多了，要记得及时添加。"

4) 检查其他仪表指示灯（图4-15）。检查冷却液温度表、机油压力表、转速表、其他警告灯等，若有异常或仪表警告灯亮起，须提醒客户，并记录在环车检查单上。

> 话术示范："×先生/女士，您看一下，您爱车的发动机故障灯已经亮起，为了保障您的行车安全，需要对您爱车的发动机进行故障检查，会耽误您一些时间，稍后我会告知您故障原因。"

5)检查音响、空调(图4-16)。检查音响、空调是否在关闭状态,并记录音响和空调设备的当前按钮位置或者当前的设置情况及工作状况,若有需要可以用音频保护。

> 话术示范:"×先生/女士,您爱车音响、空调的工作状况都正常吗?若没有问题,我就帮您贴音频保护,我们车间的维修技师将不会对您爱车的音响和空调进行调试。"

图4-15 仪表指示灯

图4-16 音响、空调

6)检查天窗。开启及关闭天窗,检查平顺度。

7)检查内饰。检查内饰刮伤情况及室内灯光是否正常。

8)检查点烟器。检查是否有点烟器及工作状况是否正常。

9)检查电动车窗主控按钮(图4-17)。利用主控电动开关检查4车门电动车窗的功能是否正常。

10)检查驻车制动器(图4-18)。检查驻车制动器工作情况,驻车制动器拉起时判断是否合格(6~9响声)。

图4-17 电动车窗主控按钮

图4-18 驻车制动器

11)检查车内杂物箱(图4-19)。关闭发动机,检查车内杂物箱前征求客户的意见,记录贵重物品(例如眼镜、手机、现金、钱包等)。

> 话术示范:"×先生/女士,我可以查看一下车内杂物箱吗?建议您不要将贵重物品遗留在车内,如果方便,请您随身携带。"

注意事项:检查车内时,若发现有遗留的物品,服务顾问应及时提醒客户携离;若音响、空调在开启状态,应当面得到客户认可后再将其关闭。

（3）左前门检查

1）说明检查结果。下车前打开发动机舱盖，下车后关闭左前车门，告知客户车辆内部的检查结果，并且给客户适当的赞赏。

> 话术示范1："×先生/女士，您的爱车维护得很好，车内也很干净。"
>
> 话术示范2："×先生/女士，车辆内部已经检查完毕，情况良好，车辆目前的行驶里程是××，燃油量是××，需要提醒您的是在维修过程中，车辆的行驶里程可能会有少量的增加。"

2）开始环车检查。可邀请客户一起进行车辆外观的检查。

> 话术示范："×先生/女士，我们现在一起进行车辆外观的检查。"

注意事项：环车检查应从左前门开始顺时针检查车辆；征询客户是否愿意一起环车检查；服务顾问可适当地赞美客户。

多学一点　引导礼仪

1）手臂自然伸出，手心向上，四指并拢。

2）引导客户时，走在客户的斜前方，与客户保持一致步调。

3）引导客户进入车内时，走在客户的斜前方，与客户保持一致步调，并为客户拉开车门，请客户进入车内（开、关门时注意礼貌，站在不妨碍客户上下车的位置为客户打开车门）

◆ 做一做　请按照规范动作要求引导客户。

（4）左前翼子板和左前轮胎检查

1）检查左前翼子板外观。若外观有刮碰伤情况，应在环车检查单上注明，并告知客户。

> 话术示范："您看一下左前翼子板有刮擦情况，今天是否要一起维修？"

2）检查左前轮胎（图4-20）、轮毂外部、轮胎花纹、气门嘴情况。服务顾问可以利用胎压表测量胎压、利用手电筒查看轮胎磨损程度，发现异常时应及时告知客户并记录。

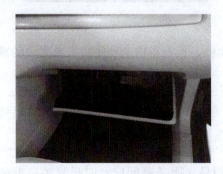

图4-19　车内杂物箱检查

图4-20　左前轮胎检查

（5）车辆前部检查

1）检查车辆前部外观（图4-21）。检查前部风窗玻璃和刮水器的外部是否有损坏；确认VIN、车牌号并记录；检查车辆前部左右前照灯和雾灯灯罩的外部是否有损坏；检查发动机舱盖、前保险杠和前护栅（中网）外部是否有损坏。若有异常或外观有刮碰伤，应在环车检查单上注明并告知客户。

2）检查发动机舱。将发动机舱盖打开，靠近并目视发动机舱，快速检查发动机舱内的"五油三水"。机油检查如图4-22所示。

> 话术示范："现在我们一起检查一下发动机舱的情况吧？"

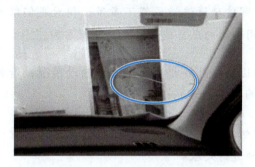

图4-21 车辆前部外观

图4-22 机油检查

① 发动机机油、变速器油油位和油质检查。服务顾问用右手慢慢拔出机油尺，左手拿吸油纸放置在机油尺的下方，将机油尺全部拔出后，用吸油纸擦拭机油尺末端，并将吸油纸拿给客户看。

> 话术示范："×先生/女士，您看，机油已经很脏了，及时更换可以减少发动机的磨损，延长使用寿命。"

② 制动油检查。首先查看制动油壶的液面高低，应不低于下限，然后检查制动油中是否起了气泡、油是否变脏，如果制动油已经变质，须立即更换。

> 正常状态话术示范："×先生/女士，您看，制动油量在正常的高度，油质也没什么异常，维修技师会做更详细的检测，您可以放心使用。"
>
> 异常状态话术示范："×先生/女士，您看，制动油已经变黑变脏，制动油沸点降低会产生气泡，造成制动效果变差，容易发生危险，建议您本次对制动油进行更换。"

③ 转向助力油检查。检查转向助力油液面是否低于油壶上的刻度下限；打开转向助力油壶盖，可以闻一下，如果油有发臭等异味，应该马上进行更换。

> 话术示范："×先生/女士，您看，转向助力油已经变脏发臭，会影响转向的灵活度，还会使油管变软，不抗温度变化，产生裂纹，时间久了会漏油。"

④ 防冻液检查。首先检查副水箱的液面高低，应不低于下限，然后查看防冻液是否变浊、变质、变味、发泡等，若有此现象应及时更换。

> 话术示范："×先生/女士，您看，防冻液已有点少，稍后我们维修技师会进行免费添加并检查，一般普通防冻液是2~3年更换一次。"

注意事项：此时若有必要可以推销无水防冻液，进而增加企业收益。

⑤ 风窗玻璃清洗液检查。打开刮水器储液壶盖，拔出刻度尺，查看清洗液量，并告知客户检查结果。

> 话术示范："×先生/女士，您看，风窗玻璃清洗液已经不多了，稍后我们维修技师会进行免费添加并检查，平时您可以选用专用的风窗玻璃清洗液进行添加。"

⑥ 蓄电池检查。检查蓄电池的电解液液位以及接线柱是否有腐蚀、松动情况，若有异常须用电压表进行测量，一般车辆能正常起动的电压是9.5~12V。

> 话术示范："×先生/女士，您看，蓄电池的接线柱有腐蚀情况，我先为您量一下蓄电池的电压，稍后维护时，我让维修技师进行处理。"

⑦ 传动带检查。检查传动带的外部损坏情况及张紧力，一般外部传动带的张紧力正常时，用手指按压下去的幅度在1cm左右即可，张紧力太大，会影响传动带的使用寿命，而张紧力太小，则容易打滑。检查后，并将结果告知客户。

> 话术示范："×先生/女士，您看，传动带张紧力过小，容易打滑，造成动力下降，会产生"吱吱"的响声，我会让专业的维修技师进行调试检测，必要时需要更换，我会及时告知您检测结果。"

⑧ 发动机舱软管及线束检查（图4-23）。检查发动机舱软管及线束的老化或破裂情况，若有异常须告知客户，必要时应建议客户进行更换。

> 话术示范："×先生/女士，您看，这根冷却液软管有些老化破裂，暂时未发现漏液情况，我会让专业的维修技师进行调试检测，必要时需要更换，我会及时告知您检测结果。"

3）说明检查结果。再次向客户说明"五油三水"或其他部位检查的情况，若有异常，应说明哪些是免费服务项目，哪些是收费服务项目，并提醒客户稍后维修技师还会进行更全面的检查。检查结束后，关闭发动机舱盖，检查关闭情况，并使用小毛巾等擦拭手触摸过的位置，同时询问客户如何处理本次维修更换下来的旧件。

注意事项：开、关发动机舱盖时，应避免工具划伤发动机舱盖表面；对首次来店客户，应核对其车架号是否与行驶证上车架号码一致，并记录在环车检查单上。

(6) 右前翼子板和右前轮胎检查（图 4-24）

1) 检查右前翼子板外观。若外观有刮碰伤情况，应在环车检查单上标明，并告知客户。

2) 检查右前轮胎、轮毂外部、轮胎花纹、气门嘴情况。服务顾问可以利用胎压表测量胎压、利用手电筒查看轮胎磨损程度，有异常时应及时告知客户并记录。

图 4-23 发动机舱软管及线束检查

图 4-24 右前翼子板和右前轮胎检查

(7) 右前车门检查（图 4-25） 服务顾问应引领客户至右前门，打开右前门，检查右前门玻璃升降情况，检查平顺度，然后复位；轻轻关闭右前门，邀请客户一起检查右前门外观、右侧门槛外观情况，并记录在环车检查单上。

(8) 右后车门检查 服务顾问应引领客户至右后门，打开右后门，检查右后门玻璃升降情况，检查平顺度，然后复位；轻轻关闭右后门，邀请客户一起检查右后门外观、右侧车顶外观情况，并记录在环车检查单上。

(9) 右后翼子板和右后轮胎检查

1) 检查右后翼子板外观。若外观有刮碰伤情况，应在环车检查单上标明，并指示告知客户，必要时可以为汽车维修服务企业增加产值。

2) 检查右后轮胎、轮毂外部、轮胎花纹、气门嘴情况。服务顾问可以利用胎压表测量胎压，也可以利用手电筒查看轮胎磨损程度，有异常时应及时告知客户并记录。

(10) 车辆后部检查

1) 检查车辆后部外观（图 4-26）。检查后部风窗玻璃情况；检查车辆后部左右尾灯灯罩的外部是否有损坏；检查行李舱盖、后保险杠外部是否有损坏。若有异常或外观有刮碰，应在环车检查单上注明并告知客户。

图 4-25 右前车门检查

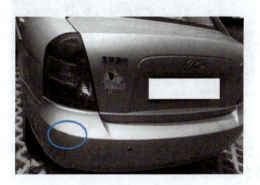

图 4-26 车辆后部外观检查

2）检查行李舱内部。打开行李舱进行检查前，应征求客户的意见，打开行李舱盖，检查平顺度。

> 🎙 **话术示范**："我是否可以和您一起查看行李舱里的备胎和应急工具，以便在紧急情况下能够起到应急作用？"

① 检查备胎、应急工具（图4-27）。检查是否有备胎、应急工具，并用手指按压备胎气压，将检查情况记录在环车检查单上，告知客户维护时会对备胎气压进行调整。

> 🎙 **话术示范**："×先生/女士，备胎和应急工具都没有问题，请您放心；出现紧急情况时，我们也可以提供24h的救援服务。"

注意事项：新车一般不配送灭火器，若没有发现灭火器，应提醒客户为了行车安全自行购买；应急工具的主要组成件有千斤顶座、摇杆、轮胎扳手。

② 贵重物品提醒。应再次提醒客户保管好行李舱内贵重物品，关闭行李舱盖时，应检查关闭情况，并使用小毛巾等擦拭手触摸过的位置。

> 🎙 **话术示范**："×先生/女士，请您自行保管好行李舱内的贵重物品。"

注意事项：若有遗留的物品，经主动提醒后客户仍不愿携离时，应在征得客户同意后代为保管。

（11）左后翼子板和左后轮胎检查（图4-28）

1）检查左后翼子板外观。若外观有刮碰伤情况，应在环车检查单上注明并告知客户。

2）检查左后轮胎、轮毂外部、轮胎花纹、气门嘴情况。服务顾问可以利用胎压表测量胎压、利用手电筒查看轮胎磨损程度，有异常时应及时告知客户并记录。

图4-27 备胎、应急工具检查

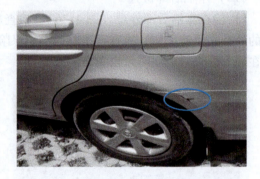

图4-28 左后翼子板和左后轮胎检查

注意事项：在打开燃油箱盖检查时，服务顾问可以向客户推销燃油添加剂，为汽车维修服务企业增加收益。

◆ **做一做** 请设计向客户推销燃油添加剂的话术。

（12）左后车门检查　服务顾问应引领客户至左后门，打开左后门，检查左后门玻璃升降情况，检查平顺度，然后复位；轻轻关闭左后门，邀请客户一起检查左后门外观、左侧车顶外观、左侧门槛情况，并记录在环车检查单上。

注意事项：1）车身不洁的车辆可先洗车再确认车身外观；2）不要让客户认为你在挑故障或急着撇清责任，应该要展现出专业的态度，让客户感觉到你是在协助他检查车辆，以完成此次的维修。

◆ 做一做　请对入厂车辆进行环车检查。

6. 环车检查结果说明

服务顾问最后应再次提醒客户带走车内的贵重物品，并且陪同客户一起查看是否有遗漏的物品，可向客户提供储物袋或者提供物品的寄存服务；引导客户到车辆旁边，向客户复述检查结果，并与客户确认环车检查单中的记录情况，请客户签字确认，关闭并且锁上客户车辆的门窗。

环车检查-外观检查

> 🎤 话术示范："×先生/女士，您汽车的里程数是×××km，目前油表的指针在这个位置，还有车身这几个位置有点刮痕。您看除了您所讲的××项目，环车检查的××问题以外，还有其他没有说明的吗？若没有其他问题，麻烦您在这里签名确认。"

注意事项：向客户复述时，应与客户站立于同方向，同时用手指着环车检查单。

◆ 做一做　请向客户说明环车检查的结果。

【任务实施】

以学习小组为单位，根据环车检查与问诊的执行要点要求，制订详细的环车检查与问诊工作计划，并根据计划请每个小组进行讨论。每组选定一种情景，选派两名同学分别扮演服务顾问和客户，针对环车检查与问诊环节进行情景模拟演练。通过情景模拟演练，使学生掌握环车检查与问诊的路线和内容。

【评价反馈】

一、学习效果评价

1. 在环车检查时，服务顾问必须做（　　）的工作，这可以避免客户因没有在维修前仔细了解自己车辆的真实状况而发生不必要的纠纷。

　　A. 查看历史维修记录　　　B. 读维修委托书（工单）　　　C. 和车主一起检查车辆
　　D. 客户已打电话告知　　　E. 维修技师告知

2. 在为客户领路的时候，应该走在客户的（　　）。

　　A. 左前方　　　B. 右前方　　　C. 左后方　　　D. 右后方

3. 请按照图4-29的标号的顺序依次填写每个方位的检查项目。

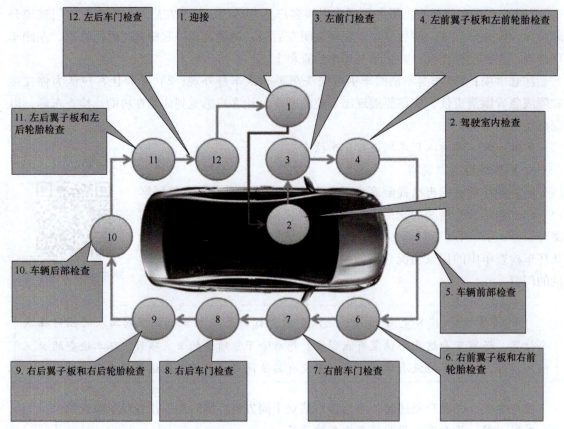

图 4-29 按照顺序填写检查项目

二、学习过程评价

结合学习任务,各小组选派 1 名代表展示制订的环车检查与问诊工作计划,其他小组的成员对该组的汇报要点、分工合作等进行点评。

教师组织全体学生根据任务分工情景模拟环车检查与问诊工作流程,并根据环车问诊单的填写情况进行评价。

本任务的学习评价表见表 4-7。

表 4-7 环车检查与问诊评价表

服务顾问姓名:		班级:			
序号	评 价 项 目	分数/分	任 务 评 价		
			学生自评	小组互评	教师评价
1	站在车辆驾驶人侧 A 柱旁,主动为客户打开车门(一只手开门、一只手放在车门上边沿)	2			
2	主动确认预约客户姓名,在接待过程中始终尊称客户	2			
3	主动邀请顾客进行接车环车检查并告知相关项目对客户及车辆的好处	2			
4	放置预约的标识牌,告知客户预约服务的好处	2			
5	主动使用 5 件套等车辆保护用品并告知客户这样做的好处	2			
6	告知客户座椅、空调、音响、后视镜等个性化设置已做好记录及这样做的好处	2			

（续）

服务顾问姓名：		班级：			
序号	评 价 项 目	分数/分	任 务 评 价		
			学生自评	小组互评	教师评价
7	检查喇叭的工作情况	3			
8	起动车辆后，告知客户其车辆故障灯情况并记录	3			
9	在车辆内部进行检查时，告知客户其车辆行驶里程数并记录（精确到个位）	3			
10	在车辆内部进行检查时，告知客户其车辆燃油位置并记录（精确到几分之一）	3			
11	在车辆内部进行检查时，开关天窗，记录有无异常	3			
12	主动询问客户对车辆的功能操作是否存在疑问（如空调、音响等）	3			
13	检查车内储物箱前应先征求客户意见，并提醒客户保管好贵重物品	3			
14	打开发动机舱盖及行李舱盖的开关，检查工作情况	3			
15	关闭车门和告知客户车内检查的结果，并邀请客户一同进行外观检查	5			
16	检查车门并检查车窗玻璃的升降是否异常，检查后使用小毛巾擦拭触摸过的地方	3			
17	打开发动机舱盖，拔出机油尺并使用吸油纸展示机油使用情况，运用FAB法则介绍更换机油的好处	3			
18	告知客户发动机舱"五油三水"的位置及情况，告知客户维护过程中免费增加的项目	3			
19	检查发动机传动带及软管的外观是否有损坏情况、检查蓄电池接线柱的情况	3			
20	在燃油箱盖位置，运用FAB法则介绍燃油添加剂	3			
21	检查轮毂、轮胎及气门嘴的情况并记录（说明标准的轮胎气压数值）	3			
22	检查行李舱前先征求客户意见，提醒客户保管好车上的物品	3			
23	用大拇指按压备胎并告知客户气压会在维修、维护过程中进行检查及调整	3			
24	询问客户备胎工具的使用是否有疑问，并告知客户使用的注意事项	3			
25	提醒客户带好车辆保修手册及行车证件	3			
26	告知客户环车检查的结果，提醒客户保管好贵重物品，并请客户在环车检查单上确认，随后锁好车辆	5			
27	服务顾问着装规范，外表整洁，对客户进行主动指引和沟通，行为符合礼仪规范	3			
28	服务顾问举止自信，语音、语速适中，语言表达清晰	3			
29	在服务过程中，服务顾问熟练使用倾听、提问的技巧，并能灵活运用FAB法则等应对技巧	5			
30	及时回应客户的讲话，并有肢体语言，且及时记录下客户的信息	3			
31	在接待的过程中，关注客户的感受并对客户适时地进行寒暄、赞美	5			
32	在环车检查单及委托书中详细记录客户的信息、需求	5			
	合计	100			
	综合评价（评语）				
	礼仪规范				
	沟通技巧				
	流程操作				
	评价等级		☆ ☆ ☆ ☆ ☆		

任务4　估价与制单

【任务目标】

1. 能独立制作维修任务委托书。
2. 能对维修、维护车辆进行合理的估时与估价。
3. 能独立向客户进行维修项目的解释。

【任务导入】

服务顾问在估价与估时这个环节，要建立客户的信任，让客户认为花这些钱是值得的，因此此环节是能否促使客户进行维修的重要环节。在此环节，服务顾问应将时间和所需费用逐项解释清楚，展现专业、诚信、负责的态度，履行对客户的承诺，获得客户的信赖，为之后流程顺利执行打下坚实的基础。

【任务分析】

在估价与估时环节，服务顾问应有友好的服务态度、专业的解释、精准的估算，以使客户能安心地等待。

【相关教学知识】

一、确定维修项目

经过初步诊断，服务顾问应确立维修项目，并能向客户介绍维修项目。在给客户进行维修产品和服务内容介绍时，要将"给客户带来的益处"与"服务本身特性"相结合，以给客户带来实惠的感觉。做产品性能和服务介绍时，要以理性为前提，感性作为结束。例如，关于定期维护的介绍，服务顾问可以这样说："定期维护是依据维护手册检查表进行的，据此可以检查出即将损坏的配件，可以预先了解花费的多少。按时进行定期维护可以控制用车时间，明确预算，可以安心使用爱车而不必担心会出故障。如果汽车坏在山上或高速公路上将是一件危险的事，所以建议您按时来进行定期维护。"

1. 服务和产品介绍环节的关键点

1）介绍时，服务顾问的表情是否诚恳、对客户是否关心。
2）服务顾问是否使用了简明易懂的语言向客户进行说明。
3）服务顾问是否运用了数据和案例进行说明。
4）服务顾问是否结合了益处和特性进行说明。
5）客户有疑问时，服务顾问是否给予了耐心的解释。
6）客户不感兴趣时，服务顾问是否仍然不厌其烦地推销服务或产品。
7）服务顾问对同一服务或产品的解释是否一致。
8）客户同意接受服务或产品时，服务顾问是否显得很高兴。

2. 任务

通过服务顾问的专业知识将客户的需求转化为服务产品。

3. 操作步骤与要点

某些检查项目涉及客户使用问题而导致无法索赔维修时，需要提前告知客户，应将可能的收费告知客户，客户同意后才确定维修项目。对于现场检查可以重现的故障现象须对客户告知可能的维修方向，进一步确定维修方案的时间和联系方式。对于现场检查无法重现的故障现象，须征求客户意见，是继续使用观察还是留厂观察（只有见到故障现象时才能进行相应检测）。

二、估价与报价

通过需求分析，服务顾问应向客户提供具有可行性的选择方案及报价，找出并解决问题，确定交修时间，最终取得客户承诺，这是交修确认的目的。交修确认主要包括报价、找出并解决问题、取得客户承诺几个环节。

1. 报价

价格是客户很关注的因素，也是决定是否购买维修、维护服务的关键因素，恰当的报价方法可以使客户较好地接受服务顾问的报价。常见的报价方法见表4-8。

表4-8　常见的报价方法

报价类型	特　　点	话　术　示　范
三明治报价	从3个方面进行价格说明，首先针对客户的益处，满足客户主要的购买动机；然后清楚地报出价格；最后强调一些能超过客户期望的益处	"您爱车的前轮制动片已经磨损到极限了，不能继续使用了，需要更换。制动片是影响车辆安全性能的重要部件，好的制动片能增加制动效能，提高行车的安全性能。我们店的前轮制动片之前是158元一副，现在您刚好赶上店里搞活动，138元就可以了，而且在维护的同时就可以更换，不需要您额外跑一趟，您看可以更换吗？"
价格最小化法报价	将总报价分配到细小处，让客户不觉得太多	"换一块原厂蓄电池500元，最少可使用2年，等于每天还不到1元钱，却可以使您不用担心每天早上都可能有打不着火的情况发生，您认为值得吗？"
价格比较法报价	将报价和其他客户易于接受的事情进行比较，进而使客户能接受报价	"做一次维护花200元，也就是吃一顿饭的钱。"
价格转化为投资额法报价	将报价转换为客户的投资，从侧面打消客户的疑虑	"彻底清洗喷油器可增加发动机功效、降低油耗，省下的汽油钱是维修费用好几倍。"
资产负债表法报价	将报价转换为资产负债，从而打动客户	"您的车在我们这里上保险，花近4000元就可以享受维修费的九折优惠和免费救援、免费洗车等多种服务，万一车出了险还可以享受最快捷、最专业的服务，我们给您使用的全是原厂配件，您会得到超值的回报。"
增加效益法报价	将报价和客户获得的效益进行结合，让客户觉得划算	"装一套倒车雷达1500元，这可以避免周围环境不经意间对您爱车的损坏，否则，万一您的汽车不小心碰到了别的物体，将会给您带来很大的麻烦。"

◆ 做一做　结合常用报价方法，编制报价话术。

汽车维修接待实务

2. 找出并解决问题

当服务顾问要寻求客户认同时，如果客户的回答是"我再想想看"，可能意味着存在下面的问题：竞争者更合适（信心）、比想象中的还贵（购买力或需求）、我想讨价还价（购买力）、我认为不需要（需求）、我负担不起（购买力）、我做不了决定（购买力或信心）、未能使我信服（信心或需求）。针对这些问题，服务顾问要本着为客户服务的态度，以获得正确、双赢的结果，同时要善于抓住客户的购买信号。当客户询问价格、杀价、询问何时交工时，或当客户点头、微笑、身体前倾、仔细研究维修单、在纸上计算时，往往就是客户的购买信号。

3. 取得客户承诺（交修确认）

经过产品和服务介绍及报价后，如果客户还在犹豫，服务顾问要采用一定的方法取得客户的承诺。常用的方法如下：

1）正面假设法。假设已经成交，把所有签订维修单的程序都完成好，使客户处在签字认可的位置。
2）两项选择法。提供两个正面的选择给客户。
3）开放式提问。
4）"如果"法。例如，如果客户同意，可以让车间尽快施工。
5）循序渐进式。使产品或服务一步一步地获取客户认同。

4. 交修确认和维修环节中的关键点

1）维修作业是否能马上开始。
2）不能马上开始维修作业时，服务顾问是否向客户说明原因。
3）服务顾问是否时常确认正在等待的客户的情况，并与客户保持联系。
4）服务顾问是否特别重视维修索赔等需要注意的服务。
5）有无人员关心休息区内的客户。
6）服务顾问是否非常小心仔细地对待客户的车。
7）在修理过程中，维修技师是否能留心发现新增维修问题并及时与相关人员沟通。
8）免费修理时，服务顾问是否能记得向客户解释说明过哪些是免费修理的地方，以及能给客户带来什么好处。
9）维修技师、检查人员的说明或特别标记的事项，服务顾问是否记录到了维修委托书（工单）上。
10）检查比预定时间推迟时，维修技师是否通知了服务顾问，服务顾问是否与客户取得了联系。
11）维修技师是否把零件整齐地放置于指定位置。
12）维修技师是否有在客户的车内抽烟、吃东西等非工作行为。
13）车内音响、杯托、座位位置、时钟等在修理完成后是否恢复原状。
14）维修技师是否在维修中损坏或弄脏客户的车辆。

5. 估价的重要性

估价流程是标准服务流程中的重要环节。此环节中，服务顾问应将维修时间和所需费用逐项解释清楚，展现专业、诚信、负责的态度，履行对客户的承诺，建立客户对企业的信赖，为之后流程顺利执行打下坚实基础。

6. 客户对估价环节的期望

在估价环节中，客户有如下期望：服务人员有友好的服务态度，能够专业地解释车辆的问题，能准确地给出修理的时间和合理的价格。了解这些期望对于在报价环节中提高客户的满意度是非常有用的。

7. 估价流程

估价流程如图4-30所示。

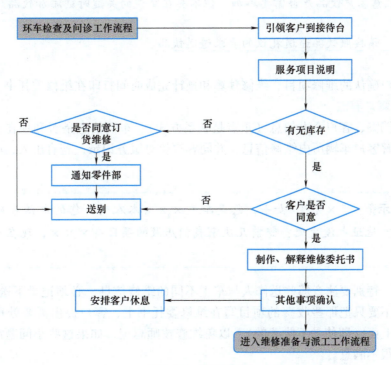

图4-30　估价流程

8. 客户没有签约

如果客户没有签约，服务顾问不要沮丧，更不要记恨客户。相反，服务顾问应该记住下面的原则：客户现在说"不"，不等于永远说"不"，要保持与客户的联系。客户可能对服务本身并不十分满意，但他可能会对你接待的整个过程十分满意，并对与你一起相处的这段时间感到十分高兴。

9. 客户签约

客户签约是成交了一项业务，服务顾问应该很高兴，但在高兴之余还应该注意下面的原则：不应因为得到签约而兴奋异常，这样可能会给客户带来一种输了的感觉。服务顾问应帮助客户确信他作了正确的选择，同时给出一个交车及跟踪服务的概述并感谢客户。

三、核对客户信息、建立维修委托书、打印维修委托书

索取客户保修手册和行驶证后，应核对系统中的客户信息（图4-31）。在客户认可维修工作之后，服务顾问应将确认内容形成纸质合同（打印维修委托书），以形成正式的合同。

> **多学一点　递送饮品或茶点礼仪**
> 1. 首先告知客户可选择的饮品品种，并询问客户的需求。
> 2. 饮品不宜装得太满，使用托盘递送饮品时，托盘的高度至胸前为宜，同时手指不要碰到杯沿。
> 3. 客户众多时，应按逆时针方向将饮品放于客户右手边。
> 4. 随时注意客户饮品是否需要添加，但不要在交谈的关键时刻添加饮品。

◆ 做一做　请按照饮品递送礼仪的要求递送饮品。

1. 任务

将已和客户确认的维修项目、维修预算和预计完成时间打印在维修委托书（工单）上。

2. 操作步骤与要点

核对客户档案、客户个人信息（重点是联系方式）、车辆信息是否和现在一致。信息核对完以后，了解客户车辆历史维修信息，并同客户核对服务记录，若有出入，必须立即在系统中更正。

> 🎤 话术示范："×先生/女士，您是车主×××本人吗？您的电话号码还是××××× 吗？地址也没变吧？您前几次来我们店做的项目有×××，现在车子开得挺好的吧！"

注意事项：特别要注意那些送修人与车主不同的维修信息，必须记录下送修人的电话，以方便联系。不要只把那些收费的项目写在维修委托书上，客户提出需要处理的一些小问题，也应写在上面（即使是不收费的），以免维修技师忘记，如果这些小问题没有处理，在交车时客户会很不满意。

四、五项确认和客户签字

在维修委托书打印完毕之后，服务顾问应将维修项目、预计维修费用、预计维修时间、是否洗车、是否保留旧件这 5 项内容逐一和客户正式确认（图 4-32），请客户在维修委托书上签字后交给送修人，维修委托书的客户联是取车的凭证。这样做可以让客户确实了解合同内容并确认。

估价与制单

图 4-31　核对系统中的客户信息

图 4-32　维修合同确认

学习情境 4　接待与沟通

1. 确认方法

（1）确认维修项目　对维修项目及配件进行说明时，应将维修委托书对着客户，用手指着文字清晰地告诉客户。

> 话术示范："×先生/女士，您本次的维修项目有×××，我们有×种机油，分别是×××，我推荐您使用×××，因为×××，您觉得可以吗？"

多学一点　资料递送礼仪
1. 资料正面面对接受人。
2. 用双手递送，并对资料内容进行简单说明。
3. 如果是在桌子上方交递，切忌将资料推到客户面前。
4. 如果有必要，应帮助客户找到其关心的页面，并作指引。

◆ 做一做　请按照资料递送礼仪的要求递送资料。

（2）确认维修费用　对维修项目工时费和配件费用进行说明解释。

> 话术示范："×先生/女士，本次维修项目中××的工时费为××，需要更换的配件有××，数量是×，单价是××，总价是××。""×先生/女士，除了这些您说的项目外，还包括底盘、发动机、电器、悬架以及制动系统的检查和维护。另外，我们还将为您的爱车免费添加风窗玻璃清洗液、防冻液、润滑油等。"

注意事项：1）免费项目也要说明；2）在说明项目及费用时，应将维修委托书对着客户，并用手指着所说的项目，时刻注意客户的表情；3）解释项目和价格时，语言要清晰；4）维修车辆必须联系调度员，确认工位及作业开始时间；5）服务顾问应在DMS派工界面上锁定工位。

（3）确认维修时间　应详细地说明项目及时间。

> 话术示范："×先生/女士，本次维修总费用是×××，需×小时，我们会准时把车子交给您的。若有变化，我会马上告知您，您看这样可以吗？"

（4）询问其他信息并请客户确认签字　应询问客户等待方式、是否需要洗车、付款方式、旧件处理方式。服务顾问询问完毕以后，须填写完整，客户核对维修委托书内容并确认无误后，请客户签字，并向客户交递提车单。

> 话术示范："×先生/女士，您这次维护后的旧机油等旧件需要带走吗？维护完毕后我会带您看下旧件。我们这边有免费洗车项目，您需要吗？在维护期间您是否在我们店等待呢？"

> 💡 **话术示范**："×先生/女士，您如果对我们的维修项目和价格没有疑议，请您在维修委托书上签字确认。""×先生/女士，我会安排最好的技师对您的车进行维护，请您收好环车检查单与委托书，这是您的取车凭证。"

注意事项：1）制作完整维修委托书，并就其内容征求客户意见；2）主动询问客户旧件处理方式、是否需要洗车、等待方式并在维修委托书（工单）上注明；3）当面将单据和钥匙放入干净的文件袋；4）客户拒绝维修的，若是涉及车辆安全的维修项目，应在维修委托书上填写建议维修的理由，告知其后果，并请客户签名；5）主动确认客户的联系方式并请客户签字确认；6）若客户拒绝所有维修项目，离去时，服务顾问应亲自送客户离开。

2. 操作步骤与要点

必须就相关内容向客户进行逐一讲解，确认客户能真正理解（因为签字不代表客户完全理解合同内容）。

注意事项：在接待过程中，随着客户逐渐进入舒适状态，客户对服务顾问逐渐建立了信任，因此有部分客户对价格、时间等细节就不太关注了。在合同确认时，这部分客户可能对具体的价格和时间没有仔细看就签字确认了，但在取车结算时发现和自己的理解有很大出入，导致不满，并认为受到了欺骗。为了避免这种情况出现，服务顾问一定要在事前把相关的事项对客户说明并确认客户已了解。

五、安排客户休息

维修委托书确认完毕后，服务顾问要根据客户的需要安排客户休息或离店，这是很重要的工作，不理睬客户会使客户不知所措，重新陷入焦虑。

1. 话术示范

> 💡 **话术示范1**："请您到休息区休息一下，我们会尽快维修您的车辆，有问题我们会及时通知您。"
>
> 💡 **话术示范2**："您的车要很长时间才能修好，您可以到休息区等候，那里有电视和报纸。如果您有事可以先去处理，我们可以帮您叫出租车，有问题我们会电话通知您。"

2. 操作步骤与要点

指引客户到休息区（图4-33）时应告知客户休息区的休闲娱乐设施和自己的联系方式，并告知店内可提供接送车服务或为客户叫出租车，以方便客户离店。

六、客户交接

客户交接主要是指当客户在店内等待时，服务顾问应引领客户到客户休息室。

1. 操作标准

客户交接时，主要是服务顾问向休息室服务人员介绍客户。操作标准有：休息室服务人员迎接客户并做自我介绍、服务顾问介绍客户。

客户交接

2. 方法

休息室服务人员应主动迎接客户并面带笑容，同时做自我介绍（图4-34）。

> 🎤 **话术示范**："×先生/女士您好，我是休息室服务人员×××，很荣幸为您服务。"

问候客户时，服务人员应微鞠躬。服务顾问介绍客户时，如果是新客户，可以这样说："这位是×先生/女士，请带他/她熟悉我们休息室的环境。"如果是老客户则可以这样说："这位是×先生/女士。"

> **多学一点　介绍他人礼仪**
> 1. 介绍的原则为"尊者优先"：即女士、长辈、上级、主人等有优先知情权。
> 2. 介绍他人的内容与自我介绍内容大致相同。
> 3. 作为第三者介绍他人时，要先向双方打声招呼，让被介绍双方都有所准备。

◆ **做一做**　请按照介绍礼仪要求介绍他人。

图4-33　指引客户进休息室

图4-34　服务人员自我介绍

注意事项：休息室服务人员的仪容仪表应符合公司标准。

七、过程关怀

在车辆维修过程中，如果时间较长，服务顾问要对客户进行过程关怀。

1. 操作标准

该环节的操作标准主要是了解维修进度与关怀客户。

2. 方法

服务顾问通过DMS查看车辆维修进度；服务顾问联系车间，以了解车辆维修状况；服务顾问关怀休息室中等待的客户。

> 🎤 **话术示范1**："×先生/女士，您觉得在这边休息得还好吗？"
>
> 🎤 **话术示范2**："×先生/女士，您的车辆维修进度正常，预计可在×点准时完成，您请稍坐。"

注意事项：1）若无法准时完成车辆维修工作，服务顾问须了解原因并提出应对方案；

2）服顾问应与客户保持至少 1 次互动。

【任务实施过程】

以学习小组为单位，根据估价与制单的学习内容制订详细的估价与制单工作计划，并根据计划请每个小组进行讨论。每组选定一种情景，请同学扮演服务顾问、客户、休息区服务人员，结合课程内容对"确认维修项目、估价与报价、五项确认、安排客户休息、过程关怀"环节进行情景模拟演练。通过情景模拟演练，使学生掌握估价与制单的相关知识。

【评价反馈】

一、学习效果评价

1. 服务顾问在维修登记时需要了解客户的（　　）信息。
   A. 客户基础资料（车号、姓名、车架号、发动机号、初登日期）
   B. 上次维修的时间
   C. 维修资料
   D. 报修人、车主的电话号码
2. 维修委托书（工单）的主要功能是（　　）。
   A. 可以记录车辆每次维修的详细情况
   B. 可以为技术人员提供相关的信息
   C. 作为维修过程中每个生产环节信息传递的工具
   D. 可以提供车辆服务记录
3. 维修委托书（工单）共有 3 联，其中没有（　　）
   A. 客户联　　　　B. 服务顾问联　　　　C. 财务联　　　　D. 车间联

二、学习过程评价

结合估价与制单学习任务，各小组选派 1 名代表展示制订的工作计划，其他小组的成员对其计划进行评价。

教师组织全体学生根据任务分工情景模拟估价与制单流程，并根据演练情况进行评价。本任务的学习评价表见表 4-9。

表 4-9　估价与估时评价表

服务顾问姓名：		班级：			
序号	评 价 项 目	分数/分	任务评价		
			学生自评	小组互评	教师评价
1	主动邀请客户到服务接待室，进行业务洽谈工作	5			
2	主动询问客户是否饮用免费的饮品（报出 3 种以上）	5			
3	主动提及客户上次的维护/维修内容，如果是首保客户，应确定车辆购车的日期	5			
4	告知增值项目（如免费洗车或免费检测等）	5			

（续）

服务顾问姓名：		班级：			
序号	评 价 项 目	分数/分	任 务 评 价		
			学生自评	小组互评	教师评价
5	主动介绍店内正在举行的服务项目（季节性的服务活动）	5			
6	使用维修委托书对工时及材料费用逐一解释，分类报价并告知如果维修过程中有变动将及时通知	5			
7	使用维修委托书对维修项目逐一解释时间的估算（要精确至时、分）	5			
8	询问客户是否需要保留换下来的旧件并在委托书中标注	5			
9	询问客户结算支付方式并在委托书中标注	5			
10	询问还有无其他需求，并请客户在委托书上签字确认，交与客户1份并告知其将作为取车凭证	5			
11	询问客户等待的方式并陪同客户前往客户休息区，介绍休息区的设施及服务人员	5			
12	告知客户可通过透明车间查看维修进度，并告知如果维修过程中有变动将及时通知	5			
13	服务顾问着装规范，外表整洁，对客户进行主动指引和沟通，行为符合礼仪规范	5			
14	服务顾问举止自信，语音、语速适中，语言表达清晰	5			
15	在服务过程中，熟练使用倾听、提问的技巧，并能灵活运用FAB法则等应对技巧	5			
16	及时回应客户的讲话，并有肢体语言，且及时记录下客户的信息	5			
17	在接待的过程中，关注客户的感受并对客户适时地进行寒暄、赞美	5			
18	在环车检查单及维修委托书中详细记录客户的信息、需求（以环车检查单和维修委托书填写为准）	5			
	合计	90			
	综合评价（评语）				
	礼仪规范				
	沟通技巧				
	流程操作				
	评价等级		☆ ☆ ☆ ☆ ☆		

任务5　车辆救援服务

【任务目标】

1. 能根据客户的求助来电，完成求助电话的接听受理服务。

2. 能独立填写"24 小时救援服务受理单"。
3. 能按照汽车维修服务企业规范的车辆救援服务流程，完成援助服务接待任务。

【任务导入】

车辆故障的发生往往都是出乎客户意料之外，例如半路抛锚、交通事故等。这时很多客户第一个想起来的就是向服务顾问求助。

【任务分析】

服务顾问经常会接到客户的求助电话，这个时候是客户最需要帮助的时候，合理的紧急救援流程可以大大提高客户对企业的忠诚度。

【相关教学知识】

一、车辆救援服务的流程

当客户车辆因发生故障或事故损坏而不能行驶时，汽车维修服务企业可以按照车辆救援服务业务流程为客户提供救援服务。车辆救援服务的业务流程如图 4-35 所示。

二、车辆救援服务的操作指导

为确保车辆救援工作及时到位及救援过程的规范性，各汽车维修服务企业都制订有相关的救援服务工作规范。所有参与车辆救援服务的工作人员及服务接待人员，都应该明确救援工作要求及工作规范，从而真正做到为客户提供称心满意的服务。

1. 救援确认

1）服务前台应随时有人接听电话。如果企业开通了 24h 紧急救援，就要确保救援电话 24h 有人接听，并在铃响 3 声以内接听电话。

2）服务顾问接听电话时，要注意语言规范，并按规定做好记录，包括客户姓名、联系方式、购车日期、行驶里程、是否会员、援助地点、车型、车牌号和颜色、故障内容简述。要了解客户是哪一类故障，如果是一般性故障，要简单记录客户的故障描述，并按照一般故障救援流程来进行作业。如果客户车辆发生交通事故，首先要向客户确认是否有伤者，并告知客户最近的医院救援电话；其次要提醒客户报警并注意保护现场；再次要了解客户保险险种，如果确认客户投保了交强险以外的险种，要协助客户联系投保的保险公司。

3）在业务不熟悉的情况下，如果客户允许应把电话转交给服务经理或对车辆故障维修经验丰富的服务顾问。

4）依据收费标准、保修期内外、产生故障的原因、会员、大客户等不同情况，告知客户可能收取的相关费用，确认客户是否认可。

5）当确认故障车辆不能行驶，在外无法修复，须拖回公司维修时，应向客户介绍相关拖车费用，待客户明确表示同意后才能通知公司派车。

6）服务顾问接听求助电话时，要提醒客户注意安全。如果在路中间抛锚，要设法移到路边；如果夜间抛锚，要打开车灯等。

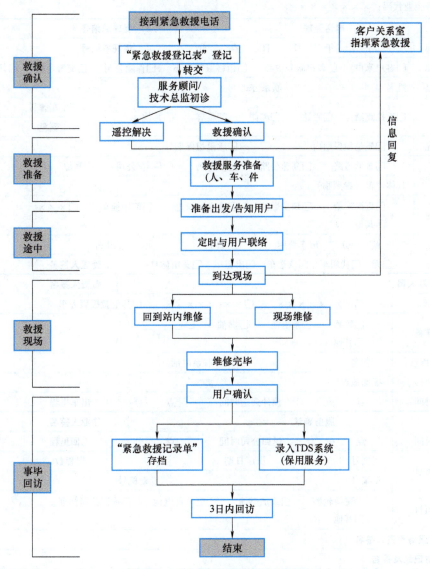

图 4-35　车辆救援服务的业务流程

2. 救援准备

1）当确定需要外出提供救援服务时，服务顾问应立即查阅该车维修档案，进一步了解该车技术状况后制订维修方案，确定所需配件、工具，并记录在"24 小时救援服务受理单"上（图 4-36）。

2）当遇到无法确诊的故障时，服务顾问应及时通知技术总监或相关维修技师会诊，并与客户进行第二次联系咨询，以确定维修方案、配件及相关工具，并做好记录。

3）救援方案制订完毕后，服务顾问应即刻与配件库电话联系，确定救援备件是否有库存，并立即通知车间经理或调度员做好救援派工，随后将车钥匙、救援登记表、救援准备出门条等相关资料移交给车间经理或调度员。

4）若配件库无救援所需配件，服务顾问应立即与故障车客户联系并采取相应措施。

汽车维修服务企业代码：×××××××

	电话受理						受理单编号		
1	受理时间	年 月 日 点 分					委托书编号		
2	任务来源	□客户来电 □客户服务中心 □销售服务中心 □保险公司 □交警事故 □其他（ ）							
3	客户信息	姓名			联系方式				
	车型	□维拉克斯 □胜达 □酷派 □雅尊 □其他（ ）					车牌号		
								颜色	
4	质量状况	□质量担保期内			□质量担保期外				
5	援助地点	□普通道路 □高速公路 □停车场 □住宅/公司 □其他（ ）							
		具体位置（参照物）							
6	故障描述	□更换轮胎 □缺少燃油 □蓄电池没电 □使用拖车 □×× □其他（ ）							
7	预计到达	点 分	出车费用		□市内 元，		□市外 元，	□无	
8	其他服务	□无 □代用车 □取送车 □出租车 □宾馆休息					受理人签名		
援助准备及人员：							负责人签名		
1	服务车	□××-×××××		□××-×××××			□其他救援服务车		
2	配件准备	□轮胎 □蓄电池 □燃油 □ □其他（ ）							
3	客户再确认（必要时）	姓名			联系电话				
		援助地点							
4	出车时间	点 分		预计到达时间		点 分	出车里程		km
服务确认							作业人签名		
1	到达时间	点 分		返回公司时间		点 分	返回里程		km
2	车辆信息	车型号		出厂日期			里程数		
		车架号				发动机号			
3	服务项目	□更换轮胎 □添加燃油 □更换蓄电池 □拖回公司修理 □其他（ ）							
4	24小时服务负责人签名								
5	回访记录及签名								
客户确认									
1	服务项目								
2	服务费用	配件 元			出车费			元	
		外出工时费 元			其他费用			元	
		实际发生总费用：							
客户确认签名					驾驶证号（需要时）				
客户联系方式（需要时）		联系地址							
		电话				邮编			

上海大众汽车××销售服务有限公司　　服务电话：×××××××　　24小时服务热线电话：×××××××

图4-36　24小时救援服务受理单

5）车间经理或调度员接到"24小时救援服务受理单"后，应及时根据故障描述、维修方案等指派维修技师做相应救援服务准备工作。

6）驾驶人应做好准备工作（出门手续、相关资料、费用、维修工具、五件套、垫布等准备好）。

7）维修技师从配件库领出外出维修所需配件并办理相关手续。

3. 救援途中

1）救援车辆出发前，服务顾问必要时要与客户再次确认地点、车辆故障内容等，告知客户出车和预计到达时间。

2）如果预计到达时间超过2h，则救援人员须每隔1h与客户联络1次，告知服务车目前位置，安抚客户，由于特殊原因（如堵车、封路、恶劣天气等）不能及时到达的，须及时向客户说明。

3）救援车辆外出时，驾驶人应自觉遵守交通法规，谨慎驾驶，安全及时地到达救援地点。

4. 救援现场

1）对客户表示问候，并自我介绍和出示相应证件。

2）救援人员到现场后要采取安全措施，检查三角警告标志的距离，让车辆离开"危险区域"。

3）维修前应再次确认故障车车牌号、行驶里程、购车日期、维护期、车辆故障内容等。

4）确认现场车辆初始状态，进行现场诊断或修理。如果为故障车，救援人员须与客户沟通并再次确认车辆故障内容，查明汽车故障的原因，现场排查故障，并填写服务项目及客户联系方式，解释作业内容和收费标准，得到客户签字后才可实施维修操作。

5）现场不能完成修理的，应与客户协商将车辆拖运至汽车维修服务企业或使用其他方法处理。

6）如果为事故车，则要迅速与客户投保的保险公司和交警联系，并协助客户维护现场，设置安全设施，等候交警处理。

7）在维修前应套上防护5件套，铺上垫布；维修中应严格按操作规范细心操作，确保维修质量，维修完毕后，应再次检查，确认故障排除后才可交车给客户验收。

8）救援维修技师在维修过程中遇到一时难以确诊的故障或难以处理的问题时，应及时电话咨询技术总监或服务经理及相关人员。

9）验车完毕，确认故障排除后，应请客户签字确认，收取相关费用，开出收据，告知客户应注意事项及发票索取流程。若有可能，应请客户对此次救援服务给予评价。

10）有条件的服务企业可以根据客户的愿望主动提供机动性保障服务工作，并按照客户的要求实施，如提供代用车或租用车、介绍出租车带客户回家、提供取送车服务、介绍宾馆让客户休息等。

11）清理现场。

5. 后续工作及回访

1）救援服务人员返回公司后应及时做好总结汇报工作，并向服务顾问办理救援登记表、相关费用、票据、车钥匙等的移交手续。

2）服务顾问应在移交完毕后，及时制订维修委托书（工单），若是保修期内车辆则在维修委托书（工单）上应增加维修项目，并把发票复印件和维修委托书（工单）交由索赔员进行索赔。

3）外出维修技师在救援服务中产生的相关费用，应把维修结算清单附在发票上一起报销。

4）服务顾问全权负责救援服务工作的日常管理工作（对服务的快捷、质量、安全、满意度等方面负责），遇特殊情况时应及时向其主管领导请示。

5）服务顾问在援助完成后3天内，要按照厂家要求进行电话回访，做好相关记录并根据服务站救援服务的流程及时将厂家要求的材料上报。

三、车辆救援服务话术示范

1. 救援电话接听话术示范

> 服务顾问："您好！欢迎致电××汽车维修服务站，服务顾问××为您服务。"
> 服务顾问："请问您的姓名、联系电话、车牌号及车型是？"
> 服务顾问："请您描述一下您的车辆现在的故障现象，以便我们判断故障，以及准备工具、备件？"
> 服务顾问："请问您车辆的购车日期是哪天？您是我公司的会员吗？您的车辆现在行驶的里程是多少km？"
> 服务顾问："您的车辆已经超过×年（×××km）的质量担保期，本次救援及维修费用大约××元，需要您承担，您看可以吗？"
> 服务顾问："您能告诉我您现在的详细位置吗？周围有什么标志性建筑物？"
> 服务顾问：×先生/女士您好，您现在的位置距离我们服务站的距离是×××km，我们大约×小时内能到达，请您稍候，我们出发时会再和您联系。

2. 救援路途中客户等待过程话术示范

> 话术示范1："×先生/女士您好，我是××汽车维修服务站的救援人员×××，我们已经出发，预计×小时可以赶到，请您耐心等候。"
> 话术示范2："×先生/女士您好，我们离您那里还有××km，预计××分钟后到达，请您耐心等候。"

3. 维修现场话术示范

> 话术示范1："×先生/女士您好，我是××汽车维修服务站的救援人员××，让您久等了。"
> 话术示范2："经初步检查，您的车辆是××出了故障，这是××原因导致的，需要更换×××配件，费用为×××元。"

4. 结算话术示范

> 🎙 **收费话术示范** "根据××公司质量担保政策，您的汽车已经超出了质量担保期（或者由于操作原因所导致），所以本次救援费用×××元需由您来承担，其中包含工时费×××元，材料费类×××元，救援费（含路桥费）×××元，您看还有其他需要我们帮忙的吗？"
>
> 🎙 **免费话术示范** "根据××公司质量担保政策，您的汽车还在质量担保期以内，所以本次救援费用×××元由××公司来承担，其中包含工时费×××元，材料费×××元，救援费（含路桥费）×××元，您看还有其他需要我们帮忙的吗？"

🛠 【任务实施】

以学习小组为单位，根据车辆救援服务工作内容制订详细的车辆救援服务工作计划，并根据工作计划进行一场模拟车辆救援服务，学生按服务规范完成救援受理工作，并填写救援服务受理单。

💬 【评价反馈】

一、学习效果评价

1. 为何要开展救援服务？

2. 服务顾问在救援工作中的工作规范有哪些？

3. 判断题：当遇到无法确诊的故障时，业务接待人员应及时告知客户，帮助客户转接有经验的技师进行咨询，以确定维修方案。（　　）

4. 判断题：救援维修结束后，维修技师应在规定时间内做好客户回访，并做好相关记录。（　　）

二、学习过程评价

结合学习任务，各小组选派 1 名代表通过图片、PPT 展示制订的车辆救援服务工作计划，其他小组的成员结合车辆救援服务工作的流程对其进行评价。

教师组织全体学生根据计划角色分工情景模拟车辆救援服务流程，并根据演练情况进行评价总结。

本任务的学习评价表见表 4-10。

汽车维修接待实务

表 4-10　车辆救援服务评价表

服务顾问姓名：		班级：			
序号	评 价 项 目	分数/分	任 务 评 价		
			学生自评	小组互评	教师评价
1	电话响铃 3 次以内是否有人接听	5			
2	是否 24h 有人接听	5			
3	是否主动报出店名	5			
4	是否主动询问电话来意（如"请问有什么可以帮到您？"）	5			
5	电话结束前，是否向客户道别（如"再见，谢谢来电等"）	5			
6	是否在客户挂断电话之后才挂断电话	5			
7	是否记录所有需要的信息和客户对故障的描述	5			
8	是否告知客户可能收取的费用，确认客户是否有异议	5			
9	当车辆不能行驶，在外无法修复，需要拖回公司维修时，是否说明拖车费用	5			
10	是否提醒客户注意安全	5			
11	"24 小时救援服务受理单"填写情况	5			
12	救援出发前是否与客户再次确认地点和故障内容等	5			
13	是否告知客户出车和预计到达时间	5			
14	是否在 3 天内进行回访	5			
15	服务顾问是否举止自信，语音、语速适中，语言表达清晰	5			
16	在服务过程中，是否熟练使用倾听、提问的技巧，并能灵活运用 FAB 法则等应对技巧	5			
	合计	80			
综合评价（评语）					
	礼仪规范				
	沟通技巧				
	流程操作				
	评价等级		☆　☆　☆　☆　☆		

学习情境 5　维修与检验

　　维修与检验是汽车维修服务企业运营的重要环节，作为服务顾问必须要监控维修进度，明确维修质量检验的重要性，熟悉汽车维修与检验的整个流程及维修与检验的标准，并正确处理因汽车维修质量与维修延时带来的纠纷。

情境目标	1. 了解维修与检验的目的 2. 掌握维修与检验流程中人员应具备的基本素质 3. 掌握维修与检验流程中的表单填写 4. 掌握维修与检验的流程 5. 了解维修与检验流程中常见的问题 6. 锻炼自主学习分析能力、自我展示能力，并能培养团队合作精神与职业道德素养	
情境概述	维修与检验流程是向客户交付车辆前的最后一个环节，车间维修技师的认真工作和严格的质量检查能有效降低返修率，提高一次修复率，从而按时、保质地交付车辆给客户，这样才能保证客户满意和汽车维修服务企业长期发展	
情境任务	任务 1　维修准备与派工 任务 2　维修进度监控 任务 3　增补项目处理 任务 4　维修质量检验	
情境准备	人员准备	基本知识	1. 检测设备及专用器具的使用规范 2. 安全操作规范和环保规范 3. 汽车维护规范 4. 执行流程的标准
		基础技能	1. 汽车维修技术 2. 仿真软件运用
	工具准备	1. 环车检查单、维修委托书 2. 领料单 3. 技术手册 4. 常规维护检查单 5. 防护用品：转向盘罩、座椅罩、脚垫、变速杆罩、驻车制动手柄套、翼子板罩等 6. 专用检测工具	

汽车维修接待实务

任务1　维修准备与派工

【任务目标】

1. 了解维修准备的目的。
2. 了解派工的具体流程。
3. 能合理安排车间人员进行生产。
4. 能协调零部件部门进行零部件供应。

【任务导入】

创建良好的服务环境，使客户感受到汽车维修服务企业的专业性，通过全方位的准备可最大限度地满足客户需求，同时可提高汽车维修服务企业的工作效率。

维修准备与派工案例：服务顾问小杨向客户刘先生介绍本次维修操作的主要内容、维修时间、相关费用，客户刘先生同意维修，并在维修委托书上签字。服务顾问小杨将车辆交给车间李主管并办理交接手续，李主管查看各班组的维修进度后，迅速向班组长派工，该车辆进入维修工位开始维修。

【任务分析】

服务顾问将客户车辆送入维修车间后，维修技师即开始相应的维修工作。该流程能让客户欣喜的是提前完成工作任务，所以维修前的准备工作是极为重要的。

【相关教学知识】

一、维修准备工作

◆ **想一想**　维修作业前要做哪些准备工作？

维修作业前，首先要准备与维修部位和项目相关的维修资料，其次要准备维修该部位和项目的工具设备。在维修开始前还要领取本次维修所需要的配件及附件等。

1. 维修准备的目的

维修准备的目的是让工作人员更加清楚维修的具体项目。在维修前与客户做积极的沟通，可以让客户对车辆故障情况更加了解。

2. 维修准备的注意点

维修前的准备工作要全面，并针对维修项目的内容来进行维修前的准备工作。

二、派工作业

◆ **想一想**　派工作业的流程有哪些？

1. 派工的目的

派工的目的是更加有序地实施维修项目。

2. 派工的重要性

客户送车辆来店维修，关注的重点是车辆的故障问题能否一次修好，并且在最短的时间内交车。因此，按能力派工，选择能解决问题的适当人选，有效率地完成维修作业至关重要。

3. 派工的实施要领

派工需先由服务顾问写明客户陈述及初步诊断，然后由车间经理或调度员对维修委托书上的维修项目进行核实确认，最后根据维修任务级别将维修委托书和环车检查单交付维修技师实施维修。

4. 派工的基本要求

1）服务顾问接待过程中所确定的服务项目，应以维修委托书形式交车间经理或调度员，再由其安排车辆维修工作。

2）车间应设立维修进度管理看板，准确反映维修车间内主要修理进度情况，并根据实际情况进行实时调整，一般隔 1h 或 30min 更新一次（有条件的企业可以采用电子显示屏或管理系统）。

3）维修进度管理看板要放置在车间易于看到的位置。车间经理或调度员分配维修任务时，应尽可能满足客户的时间要求和其他要求，合理安排维修工位和维修技师。

4）车间经理或调度员应确保班组维修任务分配均衡，合理利用维修时间，不应出现同工种不同班组工作量差异过大现象。

5）以下工作应该予以优先安排。

① 与产品活动有关的工作（如公司统一组织的车辆召回、服务活动等）。

② 返修车辆。对于返修车辆，车间经理或调度员应先分析返修原因（如配件、技术生产质量或工作态度问题）。如果返修为非人为因素，应交给原维修技师优先安排维修；如果属于人为因素，则应将此项维修工作交给水平更高的维修技师来完成。

③ 预约进厂服务的车辆。

④ 质量保修期内的车辆。

6）车间经理或调度员必须掌握维修车间总体可有效利用的维修工作时间；掌握各维修班组可利用的维修工作时间，保证均衡地安排工作；掌握相关维修班组及个人的技术水平。

7）了解维修工作类别、工作复杂程度及标准作业时间。

8）派工结束后，车间经理或调度员应及时更新看板，并及时与服务顾问进行沟通。

9）车间经理或调度员将环车检查单、维修委托书（工单）和车钥匙分配给相应的维修技师执行维修任务时，必须明确修理项目，说明故障性质、完成时间、需要更换的配件等。

5. 派工作业流程

派工作业流程如图 5-1 所示。

6. 派工作业标准

派工作业标准见表 5-1。

7. 派工使用的表格

派工时间安排表见表 5-2，每日工作分配记录表见表 5-3。

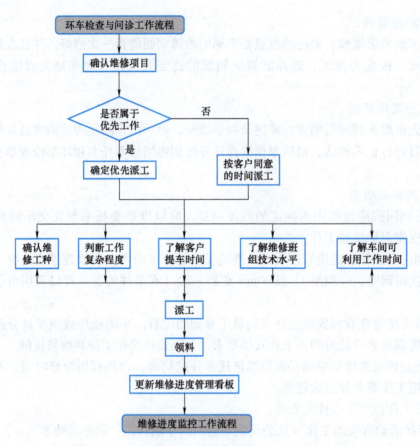

图 5-1 派工作业流程

表 5-1 派工作业标准

作业项目	内容与标准	管理工具	责任人
确认服务项目	服务顾问将车辆开至待修区，将车钥匙、维修委托书、环车检查单交给车间经理或调度员	维修委托书、环车检查单	服务顾问
	根据服务顾问填写的维修委托了解具体的维修服务项目		车间经理或调度员
	根据领料单确认需要在仓库领用的零件	领料单	
	初步确定每项工作所需要的工作时间	维修工时额定标准	
判断是否属于优先工作	优先工作： 1) 与产品活动有关的工作（如公司统一组织的车辆召回、服务活动等） 2) 返修车辆 3) 预约进厂服务的车辆 4) 质量保修期内的车辆 一般工作：按照与客户商定的时间安排作业	维修委托书	车间经理或调度员
确定工种	1) 根据维修委托书的服务项目确定维修类别 2) 维修类别如下： ① 大类：一般维修、保修、返修、其他 ② 小类：PDI、一保、二保（以上 3 种仅适用于保修类别）、定期维护、年检、机电维修、钣金、油漆	维修委托书	服务顾问、车间经理或调度员

(续)

作业项目	内容与标准	管理工具	责任人
初步判定工作难度	根据客户同意的维修项目，初步判定工作的难度	维修委托书	车间经理或调度员
了解客户的提车时间	把按时交车作为派工考虑的重点之一 根据客户同意的交车时间和工作时间安排工作确保按时交车	维修委托书	服务顾问、车间经理或调度员
了解维修班组的技术水平	在了解维修项目所属工种后，车间经理或调度员应掌握能够完成具体维修项目的班组 车间经理或调度员应清楚每位维修技师的技能水平，合理地安排工作	维修委托书	车间经理或调度员
车间可利用工作时间	查看预约计划表以了解当天的预约情况	预约计划表	车间经理或调度员
	查看维修进度管理看板以了解车间总体各工位已经分配的工作时间（工时）、剩余的工作时间	维修进度管理看板	
	查看每日工作分配记录表以了解各维修班组当日已经分配的工作时间、剩余工作时间、可分配工作时间	每日工作分配记录表	
派工	1) 优先车辆优先安排 2) 判断维修工作难易度 3) 了解客户提车时间 4) 衡量维修班组员工的技术能力 5) 把工作安排给有能力完成、在客户要求的时间范围内有可分配工作时间的维修班组 6) 将安排的维修班组记录在维修委托书上	维修委托书	车间经理或调度员
	将维修委托书交由承担车辆维修作业的班组		车间经理或调度员、班组长
领料	填写领料单，交由承担车辆维修作业的班组领料	领料单	车间经理或调度员、维修班组
更新维修进度管理看板	1) 完成派工后，将维修车辆分配情况填写在维修进度管理看板中的维修栏 2) 完工后或发生待料、延误、返工等情况时，应立即更新维修进度管理看板	维修进度管理看板	车间经理或调度员
跟踪维修进度	1) 根据每个维修委托书的完工时间，向维修班组长了解工作进展情况 2) 根据每个待料的维修委托书的到货时间，向零部件部门了解零件进货情况 3) 根据每个外加工项目的完工时间，向外加工公司了解工作进展情况 4) 根据每个洗车（包括清洁室内）完工时间，向洗车班组长了解工作进展情况	维修委托书	车间经理或调度员、服务顾问
	1) 在终检时发生返工的情况 2) 由于其他原因造成影响维修进度的情况	维修进度管理看板	
	维修进度有延误的可能性时，由车间经理或调度员向服务顾问报告。服务顾问重新测算完成时间，并更新维修委托书及维修进度管理看板	维修委托书、维修进度管理看板	

表 5-2 派工时间安排表

序号	客户姓名	车牌号	服务顾问	维修班组	承诺交车时间和作业时间										车 辆 状 态						
					9	10	11	12	13	14	15	16	17	18	维修	零件	返工	待同意	终检	清洁	交车

表 5-3 每日工作分配记录表

序号	维修班组	工位号	车牌号	委托书号	客户姓名	工作类别				工作时间											承诺时间	完成时间
						保修	维护	年检	机修	电修	上 午						下 午						
											8	9	10	11	12	13	14	15	16	17	18		

三、配件领料与出库

1. 配件领料与出库的实施要领

售后零部件备料能否及时供应以满足客户的需求，是客户衡量品牌服务是否良好的关键指标。零部件部门的出货时间，也直接影响了车间的作业效率和交车时间。在此环节备料时，需备一些常用的维修维护所要使用的润滑油及配件，例如机油、机油滤芯、空气滤芯、变速器油等。

2. 配件领料与出库基本步骤

1）查询预约系统。仓管员查询 DMS 预约管理界面，可查询客户预约信息。

2）提前备料。于预约车辆来店前一天事先备料，称为提前一天备料。若将预约车辆使用的零部件存放于预约备料区的料架上，称为置于预约备料区（注意料架上存放的预约零部件应标示客户预约日期、时间、车牌号等信息）。

3）出库。维修技师或仓管员去零部件窗口或零部件办公室进行零部件出货的过程称为出库。

【任务实施】

派工是维修准备工作的重要环节,根据派工作业的标准选定情景,以学习小组为单位制订详细的派工计划,并根据计划进行维修车辆派工的情景模拟演练。通过情景模拟演练,使学生了解派工作业流程和标准。

【评价反馈】

一、学习效果评价

1. 派工的基本要求有哪些?

2. 请简述车间派工的工作流程。

3. 车间派工的工作标准有哪些?

4. 零部件备料的要点有哪些?

二、学习过程评价

结合学习任务,小组选派 1 名代表阐述车间派工工作流程的计划,其他小组的成员结合派工的工作流程及标准对其进行评价。

教师组织全体学生根据任务分工情景模拟车间派工工作流程,并根据演练情况和车间派工的相关内容进行评价。

本任务的学习评价表见表 5-4。

表 5-4 车间派工工作评价表

服务顾问姓名:			班级:		
序号	评 价 项 目	分数	任 务 评 价		
			学生自评	小组互评	教师评价
1	明确工作任务,理解任务在企业中的重要程度	10			
2	能够制订合理的车间派工工作计划	10			
3	服务顾问是否口头传达或强调作业的内容或时间要求,是否将顾客的一些非常规要求说明清楚	10			
4	能正确确认服务项目	5			
5	能判断是否属于优先工作车辆	10			
6	能正确确定工种	5			
7	能初步判断工作难度	5			

（续）

服务顾问姓名：		班级：			
序号	评价项目	分数	任务评价		
			学生自评	小组互评	教师评价
8	了解客户提车时间	5			
9	能合理派工	10			
10	及时跟踪维修进度并进行监督	10			
11	正确填写派工时间安排表	10			
12	正确填写每日工作分配记录表	10			
	合计	100			
	综合评价（评语）				
	流程操作				
	评价等级		☆ ☆ ☆ ☆ ☆		

任务2　维修进度监控

【任务目标】

1. 熟悉汽车维修作业的要求。
2. 了解维修作业的标准。
3. 掌握维修进度监控方法。

【任务导入】

对于服务顾问来说，制单完成只是工作的开始，能有效地派工，做好维修技师与客户之间的沟通工作才是重要的事情。情景案例：服务顾问小杨把客户刘先生的车交接给车间李主管，签字确认了维修小组，然后将维修信息填写在维修进度看板上。在接下来的时间里小杨先后接了3辆车，忙完之后，预计刘先生的车已经维修过半了，连忙去车间查看。

【任务分析】

在整个维修过程中，服务顾问要关注车辆维修进度，随时掌握维修车间的工作进度及维修中可能出现的变数。通过监控，能及时发现维修过程中出现的问题并能掌握维修时间，以在客户追问时能准确地答复。在维修过程中，维修进度监控这一环节至关重要。

【相关教学知识】

一、维修作业

1. 维修作业的目的

维修作业是维修技师维修车辆的过程，通过合理派工和规范维修作业，管控维修进度，能保证准时交车，展现车间生产效率。此过程中要随时监控车辆维修的变化，若与维修委托书不符，应及时协调各方，并及时与客户协商达成一致。

2. 维修作业的基本要求

1) 车辆保护。

① 车辆进站维修前（服务顾问的责任）：确认已套上转向盘罩、前排座椅座椅罩、变速杆套及驻车制动手柄套，放置脚垫（左、右各1张）。

② 车辆进站后（维修技师的责任）：如果需要打开发动机舱盖进行检查、维修，必须在发动机舱盖前面、左面、右面放置汽车保护垫，以避免划伤车身油漆。

2) 维修项目的确认。

① 对于定期维护的车辆，车间经理或调度员应与维修技师进行维护项目确认，维修技师应严格按照维护检查单的内容完成维修作业项目，并在表单上进行记录。

② 对一般维修的车辆，服务顾问应记录客户描述的故障现象，车间经理或调度员与维修技师根据客户的故障描述试车确认故障原因及需要维修的作业项目后告知服务顾问，服务顾问与客户沟通确认维修项目后，维修技师按照维修手册的程序进行维修作业。

3) 维修作业完成后，检查并记录维修委托书、维护检查单的每一项维修工作结果。

4) 若有泥、水、油渍落在地面上，应立即清理。

5) 若拆卸蓄电池，应在完工后，将汽车音响、时钟等设备恢复原设置。

6) 若需要拆卸内饰，必须保持双手清洁。

7) 若车辆使用液压千斤顶举升，须使用马凳支撑牢靠。

3. 维修作业流程

服务顾问作为汽车维修服务企业专业化形象的代言人，对汽车维修工作流程必须非常清楚，每个企业都应对服务顾问的服务流程进行规范，提高劳动效率，进而提高客户的满意度和忠诚度。大型汽车维修服务企业根据自身特点一般会制订一个标准化的汽车维修作业流程（图5-2）。

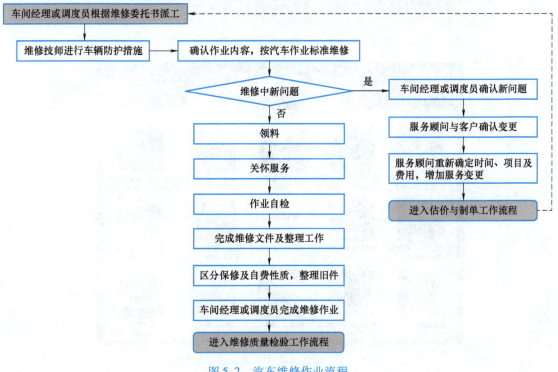

图5-2 汽车维修作业流程

多学一点 汽车维修与检验环节是汽车维修工作流程中的重要环节，以一汽大众和北京现代为例，其维修和快速维护工作流程如图5-3、图5-4所示。

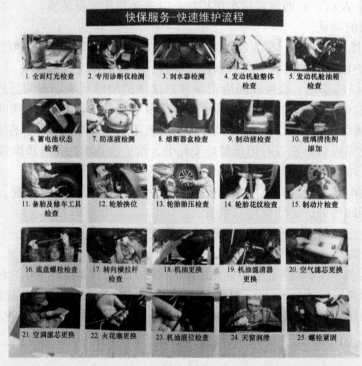

图5-3 一汽大众维修和快速维护工作流程

图5-4 北京现代维修和快速维护工作流程

4. 维修作业的工作标准（表5-5）

表5-5　维修作业的工作标准

作业项目	内容与标准	管理工具	责任人
车辆保护	确认车辆进站前是否装好了汽车防护用品： 1）是否套好转向盘罩 2）是否套好前排座椅罩 3）是否放置脚垫（左、右共两张） 4）是否套好变速杆套 5）是否套好驻车制动手柄套	汽车防护用品	服务顾问
	如果需要打开发动机舱盖进行检查、维修，必须在发动机舱盖前面、左面、右面放置汽车翼子板保护垫	汽车保护垫	维修技师
车辆维修的项目	按照维修委托书的指示内容，进行维修前的检查及诊断工作	维修委托书	维修技师
	对定期维护的车辆，按维护检查单进行检查	维护检查单	
	对一般维修车辆，按照维修手册的程序进行维修作业	维修手册	
检查记录维修结果	如果发现有增补维修项目，则停止工作，将需要增补的项目报告给车间经理或调度员	维修委托书	维修技师
	将维修的结果记录到维修委托书及维护检查单	维护检查单	
向车间经理或调度员报告	1）接到有增补的维修项目报告后，则执行"确认客户是否同意增补流程" 2）如果没有增补项目，则进入"维修质量检验流程"		车间经理或调度员

二、维修进度监控

◆**想一想**　去汽车4S店进行车辆维修时，是如何知道车辆的维修进度的？

要使客户对汽车维修服务企业满意，不仅要保证接待客户的质量，还要保证维修期间客户在必要情况下能够及时得到相关的信息。客户的汽车进入了维修车间并不意味着服务顾问的任务就此结束了，服务顾问需要准确掌握维修作业状态，对维修进度进行监控。维修进度监控如图5-5所示。如果出现与最初签订的维修合同有差异的情况（例如修复的期限、估算的价格以及即将进行的操作步骤等有变化），服务顾问应及时将信息反馈给客户，同时必须向客户说明更改后的修理项目、时间、预计费用、支付方法及交车时间，在征得客户同意后通知车间经理或调度员实施新的维修方案，并对客户的配合表示感谢。这样可以显示出汽车维修服务企业的专业性，使客户非常放心，也会赢得客户的信赖。要完成维修进度监控，主要从以下3个方面着手。

1. 掌握和熟悉日常维修作业的工作流程

日常维修作业流程如图5-6所示，跟踪时要注意3个阶段：一是开工30min左右，服务顾问要注意检查进度；二是预计时间过半时，要确认维修是否进入自检环节，观察并询问维修技师是否有增项发生（在这一时段就可以判断出是否能够按时交车）；三是接近预计时间时（此时多数车辆即将进入竣工检验期，服务顾问此时进行跟踪，有利于在接下来的交车环节占据主动地位）。

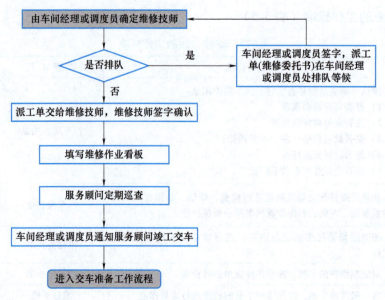

图 5-5 维修进度监控

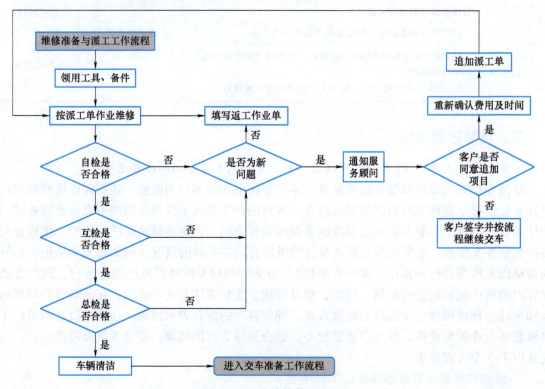

图 5-6 日常维修作业流程

2. 有效利用维修进度管理看板

维修进度管理看板是企业现场管理的重要手段之一，内容包括客户姓名、车牌号、维修工位、维修进度标尺、预计交车时间、维修班组信息等。多数采取现代化管理方式的维修服务企业设有维修进度管理看板，车间经理或调度员、维修技师、服务顾问通过作业管理看板实现了可视化沟通。同时,维修进度管理看板可以让客户不用进入车间就可以了解车辆的维修进度,估算所需的等待时间。维修进度管理看板见表 5-6。

维修进度管理看板填写注意事项:

1)指定专门人员负责及时更新相关信息,例如维修进度管理看板由车间经理或调度员进行管理和更新(有条件的企业可以采用电子显示屏或管理系统)。

2)维修进度管理看板的作用在于实时管理,因此必须及时更新动态信息。

3)服务顾问、维修技师和质检技术员等应随时掌握车间维修动态,并经常检查自己手中的工作进度与看板显示的状态是否一致。

4)同一组跟进作业时间的衔接要留 15min 左右,以避免意外情况发生。

5)每位维修技师可安排一位排队待修的客户。

6)如果日维修辆次达到 40 辆左右,则企业需要设置专门的调度员进行作业安排和引导,并协助服务顾问填写维修进度管理看板。

表 5-6 维修进度管理看板

年 月 日

等待派工		维修工位	车 号	完工时间	车 号	完工时间	车 号	完工时间	车 号	完工时间	备 注
时间	车号	机工一组									
		机工二组									
		机工三组									
		机工四组									
		电工一组									
		电工二组									
		钣金一组									
		钣金二组									
		油漆一组									
		油漆二组									

预约车辆		等待客户答复		等待备件		等待质检		待交车辆	
时间	车号	时间	车号	时间	车号	时间	车号	时间	车号

3. 跟踪维修服务进程

这一过程的目的是确保维修工作按照维修委托书的要求进行,使服务顾问掌握维修情况以保证车辆按时交付,采用的方法有定时巡查和及时沟通。跟踪维修服务进程可保证按时交付客户车辆和随时回复客户的询问,增加客户的服务满意度,减少抱怨。

(1)定时巡查 通常服务顾问每隔 1h 到车间巡查 1 次,巡查的主要目的是:

1)查看所派业务车辆的维修进度。

2）与维修技师沟通，了解故障排除情况以及有没有增加的服务项目。

3）与车间经理或调度员沟通，了解排队车辆的派工情况（是不是可以承受加进来的维修任务等）。

4）及时将客户增加的服务项目告知维修技师，以免发生服务漏项。

5）在巡查过程中发现维修技师是否有不符合要求的维修操作方式，及时反馈给车间经理或调度员，以免发生意外。

（2）服务顾问必须巡查的两个阶段　即使服务顾问工作较为繁忙，也必须在下面的两个时段到车间巡查：

1）上午11点左右。这时候车辆维修情况比较明朗，早上送来维修的车辆，有的已经基本上修好了，有的可能是在等待零件，基本可以确定作业维修的情况。

2）下午2~3点。这个时间段很多工作都应该完成了，这时候跟车间沟通，可以知道是否能够正点交车。如果不能正点交车或者出现意外情况，也可以及时通知客户。

【任务实施】

以学习小组为单位，根据车辆维修的作业标准和车辆维修进度监控的相关内容，制订详细的车辆维修进度监控工作计划，并根据计划请每个小组选两名同学分别扮演服务顾问和客户，针对维修进度监控环节进行话术设计和情景模拟演练。通过演练，使学生了解车辆维修进度监控的相关知识。

【评价反馈】

一、学习效果评价

1. 汽车维修作业的基本要求有哪些？

2. 维修作业的标准是什么？

3. 如何进行维修作业进度监控？

二、学习过程评价

结合学习任务，小组选派1名代表展示制订的维修进度监控计划，其他小组的成员结合维修进度监控相关内容对其进行评价。

教师组织全体学生根据任务分工情景模拟维修进度监控流程，并根据演练情况和维修进度监控的相关内容进行评价。

本任务的学习评价表见表5-7。

表 5-7　维修进度监控评价表

服务顾问姓名：		班级：			
序号	评 价 项 目	分数	任 务 评 价		
			学生自评	小组互评	教师评价
1	明确工作任务，理解任务在企业中的重要程度	20			
2	能够制订合理的维修进度监控工作计划	20			
3	熟悉日常维护作业流程	10			
4	能正确填写维修进度管理看板	10			
5	是否随时掌握车间维修动态	10			
6	是否在车辆维修维护过程中进入车间进行服务跟踪	10			
	合计	80			
	综合评价（评语）				
	流程操作				
	评价等级		☆　☆　☆　☆　☆		

任务 3　增补项目处理

【任务目标】

1. 了解维修服务变更及处理技巧。
2. 知道维修增补项目的要求。
3. 熟悉维修增补项目的工作标准。
4. 掌握维修增补项目的处理技巧。
5. 能规范地利用维修进度管理看板和配件库进行维修增项处理，并能灵活应对顾客。

【任务导入】

在维修过程中，维修技师小王发现有维修增补项目，随即通知服务顾问小杨。小杨在第一时间联系客户刘先生，告知刘先生，他的车辆在维修过程中发现前轮制动片磨损至极限了，由于制动片属于车辆安全件，会直接影响行车安全，小杨建议刘先生更换制动片，并对增补的维修项目进行报价和时间延长说明。刘先生表示同意并在维修项目变更表上签字确认。小杨通知维修班组可以进行增补项目维修，并将维修进展情况通知客户刘先生。

【任务分析】

在增补维修项目处理环节，能不能有效地处理好增项，做好关联服务的销售，服务顾问的业务熟悉程度和语言销售技巧十分关键。

【相关教学知识】

◆ **想一想**　在维修过程中发现新的安全隐患应如何处理？

一、维修服务变更

1. 维修服务变更原因

并不是每项汽车维修服务都能够按照约定如期地完成,在维修作业过程中可能发生诸多意料之外的变化,例如备件临时缺货、设备故障、疑难故障等都可能导致完工时间、作业项目、作业费用和使用备件的变更,遇到这种情况须立即向车间经理或调度员报告,并等待客户的确认。

2. 维修服务变更处理技巧

维修服务变更的处理虽然与企业利润没有直接的关系,但是与客户满意度息息相关。服务顾问处理服务变更要遵循 PCRS 的陈述原则,即按照 P(问题)-C(原因)-R(解决方式)-S(建议)的顺序陈述。PCRS 原则见表 5-8。PCRS 原则是通过坦诚的方式,获得客户的信任和理解,实现双赢。

表 5-8　PCRS 原则

P:问题（Problem）	C:原因（Cause）	R:解决方式（Resolve）	S:建议（Suggest）
服务变更情况	导致这种服务变更的原因	针对服务变更为客户提供解决的方案	由客户来决定选择哪一种方式,在客户心情愉悦的情况下,使客户接受建议并做出决定
话术示范:"张总,真是抱歉,您的交车时间大概要推迟了"	话术示范:"我刚才到维修车间了解了一下,有一件专用工具出现了故障,需要维修,而工具库没有其他类似的专用工具可用"	话术示范:"要不,您多等1h,我已经和别的服务站联系了,准备马上派人去取"	话术示范:"您看这样处理可以吗?"

二、维修增补作业项目

维修增补项目服务是指在服务顾问制作完成维修委托书后,针对车辆维修或客户需求追加的服务作业。在维修过程中,服务顾问应随时注意维修进度和客户需求,一旦维修过程中出现意外情况,应在第一时间通知车间调度员,同时及时通知客户并征求客户意见,需要时可更改最初签订的维修委托书。处理好维修增补项目,有助于满足客户需求,提高企业运营效率。

1. 维修增补项目工作要求

1)通知客户前应进行充分的准备,包括向客户传达信息、更新工作计划、与维修车间保持联系,以便确切了解实际情况,与客户建立一种信赖关系。

2)需要增补或变更的维修项目、所需的额外维修时间、需要增加的维修费用等都需要告知客户,征得客户的同意后才能实施维修作业。

3)服务顾问咨询客户时,要礼貌;说明增补项目时,要在技术上做好解释工作;事关安全时,要强调利害关系;要冷静对待客户的抱怨,不可强求客户,应当尊重客户的选择。

2. 维修增补项目的流程

1)将检查/诊断的结果向客户进行详细的说明。

2）根据检查/诊断的结果，向客户详细说明需要增补的维修项目内容、更换的零件、维修费用、交车时间（若属于质量担保范围，则应直接按质量担保工作流程操作），客户同意后，请客户签字确认。

3）得到客户的同意后，注明确定的方式（电话、现场等），填写维修项目变更表（表5-9）。

增补项目处理

表 5-9　维修项目变更表

客户姓名				地址			电话	
进厂日期		年　月　日　时		车牌号码			出厂编号	
追加项目内容								
维修项目								
维修收费								
零件名称				单价			金额	
追加维修费合计				追加材料费合计			追加费用总计	
客户意见								
客户（或电话咨询业务员）签名				加项征询客户时间			客户答复时间	
征询业务员签名				业务员答复车间时间			车间申请追加项目时间	
车间申请人签字								

> 📢 **话术示范**　"刘先生，我们的维修技师在维修过程中发现您车辆的风扇传动带严重老化磨损，为了行驶的安全，建议您更换。更换风扇传动带的费用一共240元，包括零件200元、维修工时费40元。另外，交车时间比我们此前预计的交车时间会延长30min，我们会抓紧时间尽快完成车辆的维修工作。如果没有其他问题的话，请您在这里签字进行确认。"

注意事项：禁止在得到客户的同意之前进行增项的维修工作。

4）如果客户不在现场，应以客户确认过的同意增补维修方式（电话、短信、传真、邮件等）获取确认。在客户提取车辆时，应请客户在维修项目变更表单上补签名。维修增补项目处理流程如图5-7所示。

5）若客户不同意增补维修，对涉及安全件的维修项目，应请客户在维修委托书对应栏签字，并友情提示客户时刻关注该处故障的变化，约请下次维修处理。对非安全件维修项目，可约请客户下次维修。

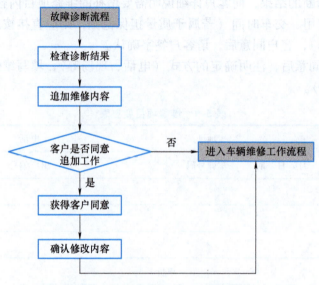

图 5-7　维修增补项目处理流程

> 🎤 **话术示范：**
> 　　服务顾问："刘先生，我们的维修技师在维修过程中发现您车辆的风扇传动带严重老化磨损，为了行驶的安全，建议您更换。"
> 　　客户："算了吧，传动带现在还能用，换新的浪费钱。"
> 　　服务顾问："您爱车的风扇传动带已经磨损到警戒线位置，传动带松弛，摩擦力不够大，如果不进行更换，在一定程度上会增加您爱车的能耗。并且，一旦传动带绷断，汽车不能及时散热，可能会烧毁其他零部件。"
> 　　客户："会有这么严重？"
> 　　服务顾问："是的，那样就得不偿失了。所以，我们还是建议您及时更换。"
> 　　客户："好的，那就按照你说的办吧。"
> 　　服务顾问："维修一共需要 240 元，包括零件 200 元和维修工时费 40 元。另外，我们商定的交车时间也需要往后推迟半小时。您看这样可以吗？"
> 　　客户："没问题，那我晚点过去取车。"

安全件一般指发动机总成、机械变速器总成、车身总成、各电控单元与轮胎等。

3. 维修增补项目的工作标准

维修增补项目的工作标准见表 5-10。

4. 维修增补项目的处理技巧

1) 增补前要做的事情（如何避嫌）。

① 认真执行初检。

② 准备好增补项目的证据。

③ 准备好增补项目的话术及分析。

④ 预估好费用及时间。

表 5-10　维修增补项目的工作标准

作业项目	内容与标准	管理工具	责任人
检查诊断结果	将检查/诊断的结果向客户进行详细的说明： 1）在检查或维修过程中发现的问题及其需要解决的必要性 2）通过故障诊断确定的故障原因及其解决方法	维修委托书	服务顾问、维修技师
维修增补项目内容	根据检查/诊断的结果，向客户把需要增补的维修项目、更换维修零件、维修费用、交车时间进行详细的说明： 1）需要增补的维修项目及内容 2）需要更换的零件 3）维修费用（工时/零件）的估价 4）承诺交车的时间 5）属于保修范围的，按照标准进行作业	维修委托书、维修项目变更表	服务顾问
获得客户同意	获得客户的同意后，填写增补项目内容（维修项目/更换零件/工时费/零件费/交车时间），并注明确定方式	维修委托书、电话记录本、维修项目变更表	服务顾问

2）增补时要做的事情。
① 确认问题一定可以尽快解决。
② 确认物料准备充足。
③ 确认客户同意增补项目及增补费用。

3）向客户说明的技巧。维修增补项目服务是汽车维修作业必不可少的一个环节，由于在预检区技术和时间的限制，服务顾问很难一次性地确诊客户车辆存在的所有问题。有些车辆故障只有在维修技师进一步检查和维修的过程中才能被发现，而从客户的角度而言，这些故障并不在其消费预期之内，这就需要服务顾问利用销售技巧进行沟通，从而使客户满意地做出进行维修的决定。此类服务的销售可以采用 PCFR 的陈述原则，即按照 P（问题）-C（危害）-F（感受）-R（建议）的顺序陈述。PCFR 原则见表 5-11。通过对客户所面临问题紧迫性的分析，促使客户做出维修的决定，从而实现服务的有效增值。

表 5-11　PCFR 原则

P：问题（Problem）	C：危害（Cause）	F：感受（Feeling）	R：建议（Recommend）
指出客户所面临的问题和困境	车辆存在的故障可能给客户带来的严重后果	通过客户直观的感受，强化客户对故障严重性的认识	针对客户车辆故障提出解决建议
话术示范："刘先生，刚才维修技师对您的汽车进行了进一步的详细检查，发现前、后制动片磨损比较严重"	话术示范："看来您车的制动系统使用频率比较高，这个问题如果不解决会严重影响汽车的安全性，在紧急的情况下，可能由于制动失灵而发生难以想象的后果"	话术示范："您看，制动片已经磨损得超过极限值了"	话术示范："所以我建议您更换制动片，以免发生意外"

4）应答客户的技巧。
① 如果客户询问是否一定要立刻处理：对安全性影响不大时可建议下次再做；对安全性影响大时建议必须做，并告诉客户为什么要立刻做；若是同一个工作程序须说明情况以节

省费用。

② 如果客户不同意处理：要感谢客户的选择，并将检查的结果及我方的建议和客户的决定写在维修委托书（工单）上。

【任务实施】

以学习小组为单位，根据维修增补项目的工作标准和技巧，制订维修增补项目的详细工作计划，并根据工作计划请每个小组选两名同学分别扮演服务顾问和客户，针对选定的情景进行维修增补项目环节的情景模拟演练。通过情景模拟演练，使学生掌握维修增补项目的处理流程和技巧。

【评价反馈】

一、学习效果评价

1. 维修增补项目的要求有哪些？

2. 维修增补项目的标准是什么？

3. 维修增补项目的处理技巧是什么？

二、学习过程评价

结合学习任务，小组选派 1 名代表展示选定的维修增补项目的工作计划，其他小组的成员结合维修增补项目的相关内容对其展示进行评价。

教师组织全体学生根据任务分工情景模拟维修增补项目工作流程，并根据演练情况进行评价。

本任务的学习评价表见表 5-12。

表 5-12　增补项目处理评价表

服务顾问姓名：		班级：			
序号	评价项目	分数	任务评价		
			学生自评	小组互评	教师评价
1	能够详细询问维修技师故障程度	5			
2	能够详细询问维修技师故障原因	5			
3	询问所需的服务内容（修理内容）	5			
4	如果不修理，询问出现故障的可能性	5			
5	询问所需零件是否有备件	5			

(续)

服务顾问姓名：		班级：			
序号	评价项目	分数	任务评价		
			学生自评	小组互评	教师评价
6	询问预估的工作时间和能够交车的时间	5			
7	向客户解释维修中发现的问题，以及推荐的维修事宜	5			
8	通过陈述好处（或潜在危险）向客户解释维护的必要性	5			
9	提供附加的以及总的维修费用说明，并询问客户是否接受	5			
10	更改或重新制作维修委托书（如果客户不同意，涉及安全件的，在维修委托书上记录）	5			
11	请客户核对后签字（如果客户不同意，涉及安全件的，请客户签字）	4			
12	将维修委托书的客户联交给客户	5			
13	是否采用技巧性的陈述原则	6			
14	注意礼貌用语和沟通礼仪	5			
	合计	70			
	综合评价（评语）				
	礼仪规范				
	沟通技巧				
	流程操作				
	评价等级		☆ ☆ ☆ ☆ ☆		

任务4　维修质量检验

【任务目标】

1. 知道汽车维修质量检验的内容。
2. 熟悉汽车维修质量检验的标准。
3. 了解如何控制一次修复率。

【任务导入】

刘先生的车辆维修完成后，维修车间进行自检、班组长检验及总检，检验完成后将车辆送至洗车间进行清洗。清洗完成的车辆停在"车辆竣工区"准备交接。

【任务分析】

客户来店后最关注的问题是车辆的故障能否一次修好，不用再为车辆维修问题操心。所以，汽车维修服务企业在管理上要重视维修后的质量检验，对维修质量严格把关，减少车辆的返修率，从而获得客户的信赖。

【相关教学知识】

一、维修质量检验

◆ **想一想** 怎样才能在维修质量检验中提升客户满意度？哪些特色服务是让客户喜出望外的？

维修质量是企业赖以生存的重要目标，其好与坏直接影响到企业的品牌形象，所以企业在经营过程中必须提高车辆故障一次修复率，提高客户满意度。

1. 维修质量检验的目的和意义

有调查发现，一项客观存在的产品缺陷若在生产中被发现需 10 元的成本补救，若在出厂检验时被发现需 100 元的成本补救，若在客户手中被发现需 1000 元的成本补救（图 5-8），这个原则被称为 10 倍原则。

汽车维修服务企业通过严格执行自检、互检和终检的三检制度，能确保所有维修项目的维修质量，控制车辆返修率，提高一次修复率。控制返修流程如图 5-9 所示。

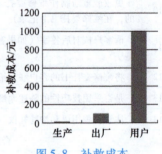

图 5-8 补救成本

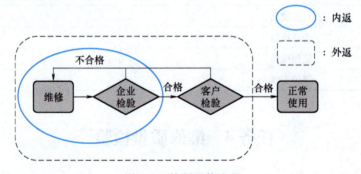

图 5-9 控制返修流程

2. 维修质量检验的基本要求

1）所有入店维修的车辆，都要实施三级维修质量检验制度（维修技师的自检、维修班/组长的检验、终检人员的终检）。

2）终检时，按照维修委托书、定期维护检查项目表，对每一项维修作业项目进行检查，每一个完工的维修项目都要完成客户的要求并达到维修技术要求。

3）将总检的结果记录在维修委托书、定期维护检查项目表上并签字。

4）若检查出完工的维修项目不符合维修技术标准，则必须返工。

5）所有最终维修质量检查报告单的返工记录，必须向服务经理汇报。

3. 维修质量检验的工作流程（图 5-10）

4. 维修质量检验的基本内容

（1）维修技师的自检（一级检查）

1）查看客户要求的各项服务内容是否全部完成，尤其应该认真细致地检查维修工作是否存在问题。如果发现存在问题，须及时解决。

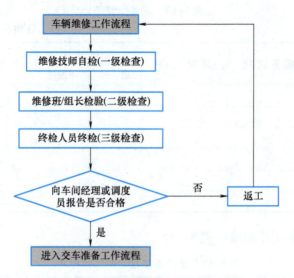

图 5-10　维修质量检验的工作流程

2）若有问题且影响客户车辆的维修项目、费用或交车时间，必须及时反馈给服务顾问，以便及时与客户沟通。

3）检查更换下来的零部件是否确实损坏。

4）自检合格之后在维修委托书上签字确认，把检查完成事项填入维修进度管理看板，并与二级检查的班/组长进行车辆交接，将维修委托书（工单）、更换的配件、钥匙等交与班/组长。

（2）维修班/组长的检验（二级检查）

1）对完成的各个维修项目进行复检、更换配件的确认等，确保做到无漏项、无错项。

2）对环车检查单上客户反馈的问题进行确认，做到检查有结果、调整有记录。

3）对于安全性能方面的修理及返修等应优先检验，认真细致，确保维修质量。

4）当发现有问题时，必须及时采取相应措施进行纠正。

5）维修质量检验结果须反馈给维修技师，总结维修经验教训，为以后的维修作业提供借鉴材料，以提高维修技师的技术水平，避免再次出现同样的问题。

6）检验合格后，在维修委托书上签名，并与车间经理或调度员/质检人员进行质检工作交接。

（3）终检人员的终检（三级检查）

1）依据维修委托书的项目进行逐项验收，并核实有无漏项。

2）检查安装是否有遗漏或错误，紧固件是否完全紧固，车辆油液是否充足。

3）重新确认维修委托书的记载有无错误，检查外观有无损伤。

4）对于有关安全方面的维修项目，车间经理或调度员/质检员必须进行路试检测。

5）做好最终检验记录，将检查结果记录在维修委托书及定期维护检查项目表上并签名。

6）对于检测不合格项，返工时应在"质量检验单"（表 5-13）中记录返工原因及必要措施，交维修班/组长重新检查和维修，直至符合技术规范为止。

7）总质检合格后，终检人员将钥匙交给洗车人员，洗车人员对车辆进行清洗工作。

汽车维修接待实务

表 5-13　质量检验单

日期：　　　　总检：

序号	委托书号	服务顾问	维修班组	检查结果		工作内容	质检意见
				通过	不通过		
1							
2							
3							
4							
5							
6							

5. 维修质量检验的工作标准（表 5-14）

表 5-14　维修质量检验的工作标准

作业步骤	服务内容与标准	管理工具	责任人
维修质量检验制度（三级检验）	对所有进站维修的车辆，必须实施三级检验制度		维修技师、质检员
	终检：按照维修委托书及维护检查单指示的每项维修项目进行检查 一般维修（除钣喷以外）：按维修委托书检查 定期维护：按维修委托书及维护检查单检查	维修委托书、维护检查单	质检员
	检查客户要求的维修项目或故障是否完成（是否有必要进行路试）		质检员
	每一个完工的维修项目都要完成并达到维修手册的技术要求	维修手册	质检员
记录车辆检验结果	将总检结果的内容完整无缺地记录在维修委托书及维护检查单上并签名	维修委托书、维护检查单	质检员
	检查完工的维修项目结果不符合维修技术标准的，返工时应在最终质量检查报告单中记录返工原因及采取的措施	维修手册、最终质量检查报告单	质检员
	如果维修技师填写的维修委托书及维护检查单的内容不完全，则要求补充完全	维修委托书、维护检查单	质检员
向车间经理或调度员报告	将终检结束的竣工车辆维修委托书及维护检查单送交车间经理或调度员并汇报	维修委托书、维护检查单	质检员、车间经理或调度员
	需要返工的维修委托书送交车间经理或调度员并详细汇报	维修委托书	质检员、车间经理或调度员
返工	由车间经理或调度员重新分配工作	维修委托书	车间经理或调度员
	每天发生的返工以最终质量检查报告单的形式向服务经理报告	最终质量检查报告单	服务经理

6. 一次修复率控制

(1) 接车 记录维修委托书（工单）时，应忠实于客户描述的原意，并注重询问客户车辆故障发生时的现象、日常使用习惯、故障发生频率及条件。

(2) 故障诊断

1) 明确判断故障后进行维修。

2) 如果出现较难重现、新的或暂时难以准确判断的故障，应查阅相关技术资料，同时由技术骨干协助判断。

(3) 维修

1) 无维修委托书（工单）的车辆一律不准进车间。

2) 维修作业时，技术人员应在完全了解车辆故障原因的基础上，严格按照维修手册进行维修。

3) 树立质量第一的思想，实行上、下工序互检方式。

4) 当维修过程中发现维修方案有偏差或其他故障隐患时，应及时与车间经理或调度员、服务顾问联系，改正维修方案。

(4) 质量检验 维修完成后，应严格执行三级质检制度，车间经理或调度员对维修完工车辆进行抽检（常规维护车辆、常规修理车辆、事故车修理）。

(5) 返工

1) 发现故障未解决或维修质量未达到质量要求时须返工。

2) 质检人员应填写返修车处理记录表（表5-15），并将原维修委托书（工单）退回给维修班/组进行返工，重新进入维修质检流程。

表5-15　返修车处理记录表

返修□		返工□		年　月　日			编号：	
车号		车型			客户		保修期	
原操作者		原班组长			原服务顾问		本次服务顾问	
检修项目								
返修原因								
采取对策	返修操作者		指导员			返修费用	实施教育训练参加人员	
	(1) 返修作业内容评述 (2) 采取对策 (3) 返修后状况 (4) 是否需要技术支持 (5) 返修处理结果 (6) 返修分析与总结							
服务经理		车间经理或调度员			班组长		返修操作者	

（6）返修

1）车辆开出车间后，如果再次发现故障，应查阅上次维修记录确认是否为返修项目。

2）若属返修项目，应开具维修委托书（工单）（应标明返修标志）和返修车处理记录表交车间维修，并在车顶上放置返修标识牌。

3）若属非返修项目，则进入正常修理流程。

（7）返修后交车　维修完后，将维修委托书（工单）（应标明返修标志）和返修车处理记录表交服务经理审核后才能交车。

二、洗车

车辆清洗是最容易被客户感知，也是汽车维修服务企业最容易"标准化"的服务之一。一辆维修后干净整洁的车辆，能够加深客户对汽车维修服务企业的正面印象。

1. 洗车的标准

1）用清洁用品清洁时，避免划伤漆面。

2）清洗部位包括车身外观、车厢内部和作业部位。

3）前后灯罩、左右后视镜、前脸、发动机舱盖、全车玻璃、门把手、轮毂、烟灰缸、地毯以及仪表板等处的污垢和灰尘都要清理干净。

4）车上无水珠、无指纹，条件允许时可做简单美容、上蜡。

2. 洗车的基本过程

（1）移动车辆　移车人员将质检完毕的车辆移动至洗车工位。若环车检查单上注明车辆不需要清洗，则移车人员应告知服务顾问车辆已经可以交车，并询问车辆的停放位置（交车区/竣工区），然后直接将车辆移至指定位置。

（2）清洗车辆的交接　移车人员将车辆交给洗车组长，并告知预计交车时间。洗车组长根据现场状况预估洗车所需时间，并将车辆信息填入洗车登记表（表5-16）。若不能保证在预计时间内交车，洗车组长应向移车人员说明。若预计交车时间有变更，移车人员须告知服务顾问。

表5-16　洗车登记表

日期	时间	车型	洗车人	项目点检			备注	清洗人	复核
				清洗	打蜡	内部清洁			

（3）清洗车辆的指示　清洗车辆指示分为洗车顺序安排和特别事项强调。洗车组长应根据现场状况安排车辆清洗作业顺序并向洗车人员强调清洗中的特别注意事项。

(4) 洗车需要的清洗、清扫工具设备（图 5-11、图 5-12）

图 5-11　清洗工具设备

图 5-12　清扫工具设备

(5) 洗车的具体流程（图 5-13）　洗车作业主要包括清洗、清扫和完检 3 个步骤。洗车检查表见表 5-17。有些客户不希望进行洗车，所以服务顾问在接待客户或者办理业务时一定要询问客户是否要进行洗车服务。

(6) 洗车注意事项

1）用沾有沙尘或制动片粉末的海绵清洗车身和车轮会造成损伤，所以应将清洗车身、车身底部、轮胎、车轮所使用的海绵进行区分使用，每清洗过一辆车辆后对海绵重新进行清洗。

2）车门、车门后视镜、后栏板间隙和刮水器周围特别容易残留清洗剂和沙尘，所以需要认真、充分地进行冲洗。

图 5-13 洗车的具体流程

表 5-17 洗车检查表

洗车项目	说明	洗车项目	说明
水枪冲洗车身	须保证车身无污渍或泥点	座椅垫	使用湿清洁剂清洗,并马上用干布擦干净 特别注意:清洗完后,要在一段时间内让车厢保持通风,使座垫干透
清洗挡泥板	须显示原车样式,无泥点	门侧靠手凹槽	将清洗液喷到硬海绵上进行擦洗,擦洗后保持通风,保证靠手凹槽处干透
清洗底盘多泥沙部位	须显示原车样式,无泥点	安全带	用湿鹿皮擦拭
用海绵块蘸取泡沫液对车体进行去污	注意按顺序从一边到另一边,避免有遗漏的地方	车内地板	用吸尘器吸去浮土以及相应的杂物
冲掉泡沫	外部洗车顺序:车顶、前后风窗玻璃、两侧车门及玻璃、发动机舱盖、车体两侧、行李舱两侧及车体、发动机、前后灯、保险杠、轮毂、底盘	脚垫	把脚垫取出拍打,将脚垫或地毯放在无灰尘的地方 1) 塑料脚垫:先用高压水冲洗,再用扁吸嘴将脏水吸干净 2) 地毯式脚垫:用吸尘器吸取浮土及明显颗粒物
用湿鹿皮对车体进行擦拭	注意按顺序从一边到另一边,避免有遗漏的地方	车门内侧及边缝	内侧和边缝用湿毛巾清洗,再用干鹿皮擦干
清洗烟灰缸	先取出来并倒掉垃圾,洗净抹干后装回到原位	车内其他部位的大块垃圾	用吸尘器吸干净
清洁车内玻璃	用湿鹿皮(车内专用)将玻璃上的灰尘擦净,再用干鹿皮(车内专用)抹干(注意各边角处)	行李舱内侧	先用吸尘器吸去浮土,然后用地毯清洗剂清洁底部垫板,待其干透后将东西放回行李舱

（续）

洗车项目	说　　明	洗车项目	说　　明
清洁前风窗玻璃内侧	用抹布擦干，等待干透，再用干鹿皮擦干，用湿鹿皮擦拭	行李舱盖	用湿鹿皮擦拭
清洁仪表板	用湿抹布擦洗仪表板，尽量别让手指接触板面，最后用干鹿皮擦干	地面污水回收	汽车清洗完毕之后，须用吸污机将洗车残留在地面上的污水及垃圾进行回收，吸回到污水桶内
清洁空调出风口	用湿的鹿皮将空调出风口与仪表板进行小心擦拭	清洗轮胎轮毂	应使轮毂光亮，轮胎光亮无污渍，完成后喷上光亮剂
清洁驻车制动器手柄和变速杆周围	用吸尘器吸取杂物		

3）擦干用的毛巾在经洗衣机脱水后吸水性比较好，使用方便。双人进行擦干作业时，应保持速度一致，避免毛巾打卷。要仔细擦干行李舱、后栏板等开口部位。

4）仪表板、转向盘上的徽标容易被划伤，所以要避免过分用力擦拭，避免用带有沙粒的毛巾进行擦拭。

5）仪表板、仪表周围部分是客户驾乘时经常注意和触摸的部分，应仔细进行作业，避免有可视的灰尘残留。在每次洗车前，都应抖动毛掸子完全除去其上面的灰尘。

6）玻璃清洁剂使用过量时很难擦洗干净，所以要注意避免过量使用。不要多次重复使用毛巾的同一面，应根据脏污情况进行擦拭。在擦拭车内后视镜时，不得改变后视镜位置。

7）若有必要移动客户的行李等物品，应事先向客户进行确认。若有较大垃圾、石子，不要勉强进行车内除尘，必须用手捡除。真皮座椅非常容易被划伤，所以对其进行操作时应特别仔细、小心。对原产脚垫，必须固定牢固。

三、移交车辆

洗车人员洗车完毕后，移车人员应将车辆开至竣工交车区，并将车头朝外停放，方便客户驾车离开。

【任务实施】

以学习小组为单位，根据汽车维修质量检验流程、标准，制订详细的汽车维修质量检验的工作计划，并根据工作计划进行维修质量检验的情景模拟演练。通过情景演练，使学生了解三级质量检验和洗车的相关知识。

【评价反馈】

一、学习效果评价

1. 汽车维修质量检验的要求有哪些？

汽车维修接待实务

2. 汽车维修质量检验的内容是什么？

3. 汽车维修质量检验的标准有哪些？

4. 洗车的流程是什么？

二、学习过程评价

结合学习任务，小组选派 1 名代表展示汽车维修质量检验的工作计划，其他小组成员结合各组代表的展示对其进行评价。

教师组织全体学生根据任务分工情景模拟维修质量检验工作流程，并根据演练情况和维修质量检验的相关内容进行评价总结。

本任务的学习评价表见表 5-18。

表 5-18 维修质量检验评价表

服务顾问姓名：		班级：			
序号	评 价 项 目	分数/分	任 务 评 价		
			学生自评	小组互评	教师评价
1	明确工作任务，理解任务在企业中的重要程度	20			
2	能够制订合理的维修质量检验的工作计划	20			
3	熟知维修质量检验的基本要求	10			
4	熟知三级维修质量检查的内容和检验责任人制度	10			
5	若检验发现作业有误，是否及时安排返修。若因返修推迟交车时间，是否与客户联系并取得谅解	15			
6	返修后，是否重新检查，检查后，是否在接车派工单上签字	15			
7	是否熟悉车辆清洗的标准	10			
	合计	100			
综合评价（评语）					
	流程操作				
	评价等级		☆ ☆ ☆ ☆ ☆		

学习情境 6　交车与送别

交车与送别环节是维修接待工作中的关键环节。在该环节中，汽车维修服务企业获得了利润，客户满足了车辆维修的需求。标准规范的交付流程、准确明晰的结算单据、物超所值的附加服务、贴心友善的用车提醒、责权分明的保修索赔、高效优质的保险理赔服务都能提高汽车维修服务企业的客户满意度和忠诚度。该环节应力求做到尊重客户的知情权、消除客户的疑虑、让客户满意而归。

情境目标	1. 熟悉汽车维修服务企业售后服务顾问的素质要求及业务接待礼仪 2. 熟悉汽车维修费用的计算方法 3. 掌握汽车构造与工作原理、汽车维修及维护常识 4. 掌握汽车售后服务核心流程与单据管理 5. 熟练掌握服务顾问交车与送别时的相关流程，并能按照职业要求进行自我完善 6. 掌握售后服务中服务顾问的交车技巧并灵活运用 7. 锻炼自主学习分析能力、自我展示能力，并能培养团队合作精神与职业道德素养	
情境概述	交车与送别流程基本覆盖了从客户车辆和维修委托书返还服务顾问到客户开车离店的全部过程，该流程能通过服务顾问与维修技师热情专业的服务让客户感受到超值的惊喜并能在离店前得到最新的服务信息	
情境任务	任务1　交车准备 任务2　交车说明 任务3　结算送别 任务4　保修索赔 任务5　保险处理 任务6　异议处理	
情境准备	人员准备	基本知识	1. 汽车维修服务企业运营管理系统操作知识 2. 汽车技术基础知识 3. 执行流程的标准话术 4. 专业服务礼仪
		基础技能	1. 具有服务热情和礼仪 2. 使用属性-作用-益处（F.A.B）技巧，展示服务价值 3. 服务价值展示技巧 4. 抗拒处理的说明-复述-解决（C.P.R）技巧 5. 客户期望值管理技巧
	工具准备	1. 计算机、车辆 2. 车辆维修结算单等 3. 吸油布、旧件展示台、回收包装 4. 汽车维修接待实训室	

汽车维修接待实务

任务1　交车准备

【任务目标】

1. 能叙述服务顾问自检内容。
2. 能独立制作结算单。
3. 能独立与客户约定交车时间。

【任务导入】

有些案例中，客户被通知可以取车时，发现车辆仍有多处问题没有处理好，从而引发了客户投诉。因此，交车准备环节至关重要，通过交车准备，能提前准备交车所需文件资料并能全面了解所交车辆的状态，若有异常便可以及时处理，减少纠纷和投诉。

【任务分析】

完成交车准备环节，可以满足客户在提车时希望其爱车已经没有任何问题的期望，可以让客户对汽车维修服务企业更加信任，让客户的心情从进厂时维修的"不愉快"转变成为提车时的"愉快"。

【相关教学知识】

一、内部移交车辆

1）维修技师将车钥匙、维修委托书、环车检查单等物品移交车间经理或调度员。

2）车间经理或调度员交代相关事宜（例如已更换旧件的存放位置），告知服务顾问车辆已修好，可安排交车。

二、服务顾问自检

1）服务顾问检查环车检查单和维修委托书等表单，以确保客户委托的所有维修项目都已完成，并由维修技师、洗车专员和质检员签字。

2）实车核对维修委托书，以确保客户委托的所有维修项目在车辆上都已完成，确认故障已消除，必要时试车。

① 如果有不清楚的地方，应询问维修技师，特别是感觉有关联的问题，要向维修技师或检验员确认试车过程中车辆的状况。

② 如果遇到返修工作，要特别注意了解是否已真正解决了返修的问题。

③ 如果发现有未完成的工作，应立即通知车间经理或调度员安排返工，具体按照派工工作标准进行。

3）确保车况安全良好、各部液位正常。

4）确认从车辆上更换下来的旧件。

5）确认车辆内、外清洁度（包括无灰尘、油污、油脂）。

6）其他检查：检查车辆外观，不遗留抹布、螺母、螺栓等工具或零件。

三、制作结算单

1）打印出车辆维修服务结算单及出门证。结算单如图 6-1 所示。做好结算前所有单据的准备工作，确保客户在取车时所有的结算准备工作都已经完成。

结算单

委托书号：			结算日期：				第　页	
托修单位			车型		牌照号		进厂日期	
税　号			电话		驾驶人		发票号码	
修理内容		工时费	备注	配用材料	数量	单价	合计	备注
应收工费		实收		税金	管理费		辅料费	另项费
应收材料		实收材料		包工费	施救费		其他	总计
大写								

地址：　　　　　　　电话：　　　　　　　开户：　　　　　　　帐号：

结算员：_____　　　客户签名：_____

图 6-1　结算单

2）审核维修委托书上的维修项目和维修技师的维修报告，保证所有维修所用的材料都已列在结算单上。此时，服务顾问应做到：

① 保证报价与最后的结算一致，若有差异，做好差异说明。

② 准备好所有相关的材料（交车资料和单据等），单据应整齐清晰、便于客户理解，所有材料应放在一起。

③ 确保所有事情都与最初约定的情况一样。

注意事项：如果结算单没有准备好，服务顾问不要通知客户准备交车；服务顾问要做好对结算和交付的规划工作。

【任务实施】

以学习小组为单位，根据交车准备的内容制订详细的交车准备工作计划，并根据计划让每个小组选出学生扮演服务顾问，进行服务顾问自检和交车准备的工作情景演练。通过情景演练，使学生了解服务顾问自检内容和交车准备的资料。

【评价反馈】

一、学习效果评价

1. 交车准备中,服务顾问自检内容有哪些?

2. 交车准备中,制作结算单的内容有哪些?

二、学习过程评价

结合学习任务,各小组选派 1 名代表通过图片、PPT 介绍展示本组的工作计划,其他小组的成员对该组的分工合作、计划安排等进行点评。

教师组织全体组员根据制订的工作计划情景模拟服务顾问自检和交车准备的工作流程,并根据演练情况进行评价。

本任务的学习评价表见表 6-1。

表 6-1 交车准备评价表

服务顾问姓名:		班级:			
序号	评 价 项 目	分数/分	任 务 评 价		
			学生自评	小组互评	教师评价
1	在接到工单后应主动检查环车检查单和维修委托书等表单的维修维护项目是否都已完成,并由维修技师、洗车专员和质检员签字	10			
2	实车核对服务项目完成情况	10			
3	检查旧件准备情况	10			
4	检查车辆内、外清洁情况	10			
5	交车前提前打印结算单据,同时准备好交车中使用的所有单据(包括名片、保险提示贴等)	10			
6	通知客户,约定交车	10			
	合计	60			
	综合评价(评语)				
	礼仪规范				
	沟通技巧				
	流程操作				
	评价等级		☆ ☆ ☆ ☆ ☆		

学习情境 6　交车与送别

任务2　交车说明

【任务目标】
1. 能针对客户维修内容向客户展示维修结果。
2. 能向客户说明注意事项。

【任务导入】
如何才能让客户放心地付钱，安心地离店？陪同客户一起检验是非常重要的，其目的是通过充分地展示和说明完成的维修、维护项目，解决客户关心的问题，减少客户的疑惑和顾虑，使客户满意。

【任务分析】
客户希望汽车维修服务企业能准时完成服务项目、能使车辆整洁干净、能给出专业的解释和合理的付费说明、能全部处理客户特意交代的事情、能全部执行免费项目。交车说明环节能回应上述客户的期望。

【相关教学知识】

一、通知客户交车

1. 在店等待的客户

服务顾问检查完成后，应亲自到客户休息室，当面邀请客户进行车辆检查、展示维修结果并确认。

通知客户交车

> 🎤 **话术示范：** "×先生/女士，您好，请问您是××车牌的车主吗？您的爱车已经维修完毕，您有空和我一起对您爱车的维修结果进行检验吗？"

2. 离店的客户，与其沟通交车事宜，约定交车时间

在与客户约定取车时间的同时，还应该告诉客户本次维修所需的费用，询问客户选择的付款方式，告诉客户所需携带的资料（例如维护手册、维修委托书的客户联、代步车租赁合约或取车凭证等），这样便于服务顾问做好各种准备，减少客户在取车时的麻烦和等待，使结算过程更顺畅。

约定交车时间应遵循两个原则：1）交车时间约定要留有15min左右的交流时间，充足的交车时间可以让客户有询问、了解车辆的机会，否则交车过程会显得仓促、混乱；2）交车时间应与服务顾问的其他工作计划错开。

> 🎤 **话术示范：** "×先生/女士，您好，我是××汽车维修服务站的服务顾问××，您现在方便接听电话吗？您的爱车已经维修完毕，我已经亲自进行过检验，您可以放心来提车了，请您带好提车凭证。"

大修车、事故车等不要在高峰时间交车。

二、展示服务结果

与客户共同检查竣工车辆的目的是向客户证明本企业高质量的维修服务工作，应检查车辆外观、内部和车内物品，重点指出车辆维修部位，向客户出示更换下来的旧件，必要时与客户共同检验竣工车辆。

1. 检查车辆外观、内部和车内物品

服务顾问应陪同客户到竣工车辆旁，对照维修委托书，和客户一同对车辆外观、车辆内部状态和车上的物品进行确认（图6-2）。这样可以向客户证明他的车辆得到了良好的爱护。这样既增强了客户对服务顾问的信任，又避免了将来可能存在的争议（外观损伤、附件、车上物品遗失等情况出现时的争议）。

展示服务结果

图6-2 与客户共同检查竣工车辆

（1）车辆外观漆面及清洗情况确认　服务顾问应指引客户查看车辆的整体外观漆面及清洗情况（包括左前、后门，左前、后翼子板，发动机舱盖，行李舱盖，前、后保险杠，右前、后门，右前、后翼子板，车顶及4个轮胎等。车辆外观漆面及清洗情况如图6-3所示）。

图6-3 车辆外观漆面及清洗情况确认

> **话术示范**:"×先生/女士,我们已按您的要求将汽车清洗干净了,请您确认一下。"

(2) **驾驶室确认**(图6-4) 打开左前门,带领客户确认驾驶室室内情况(包括检查转向盘、电喇叭、里程数、燃油表、音响、空调、天窗、点烟器、电动车窗、室内灯光、驾驶室座椅)。

> **话术示范**:"×先生/女士,维修技师按照维护要求,已经对您爱车驾驶室内的电器进行了检查并调整,现在都已经工作正常,而且所有电器和座椅都已经复位,请您确认一下。"

(3) **发动机舱确认**(图6-5)

1)打开发动机舱盖,拨出发动机机油尺、变速器油尺,左手拿吸油纸放置在发动机机油尺、变速器油尺的下方,将发动机机油尺、变速器油尺全部拨出后,用吸油纸擦拭其末端,给客户看发动机机油、变速器油的油质。再将发动机机油尺、变速器油尺放回,重新把油尺拨出让客户查看其油位。

图6-4 驾驶室确认

图6-5 发动机舱确认

2)服务顾问用手指引客户查看制动油油壶、转向助力油油壶,通过油壶可以看到液面刻度及油质。

3)服务顾问用手指引客户查看防冻液的液面高度。

4)打开风窗玻璃清洗液储液罐盖,拨出刻度尺,让客户确认风窗玻璃清洗液液面在标准刻度之间。

5)服务顾问用手指引蓄电池,让客户确认接线柱腐蚀、松动情况已处理,并告知检查后蓄电池电压。

6)服务顾问用手指按压传动带,让客户确认传动带维护后压下幅度已经在1cm左右。

7)服务顾问向客户说明发动机舱所有软管、线束、发动机整体都已经做过检查并清洁。

> **话术示范**:"×先生/女士,我们对您爱车的发动机已经做过维护,您看一下,发动机机油已经更换过,机油的油位和油质都很标准;变速器油、制动油、转向助力油

也检测过,都在标准刻度,油质也正常;另外,防冻液、风窗玻璃清洗液都添加过,已经在标准刻度了;蓄电池电压都正常;传动带也调整过了,现在都正常;我们也对您爱车的整个发动机舱和线束都进行了清洗和处理,请您确认一下。"

🎙 **话术示范**:"×先生/女士,您对发动机部分还有没有其他不明白之处,如果没有其他问题了,那我们一起看一下行李舱吧。"

(4) **行李舱确认** 征求客户同意后,打开行李舱,服务顾问应展现应急工具都齐全,并用手指按压备胎气压,让客户确认备胎胎压已经调整到正常胎压。

🎙 **话术示范**:"×先生/女士,我可以打开您爱车的行李舱吗?您确认一下,应急工具都很齐全,也放在指定位置;您再确认一下备胎,也可以按压一下,备胎都已经检测并调整过,遇到特殊情况时,你可以正常使用备胎。"

注意事项:
1)陪同客户确认维修、维护效果时,应按车辆12个方位,从左前门开始顺时针向客户展示确认车辆。
2)对有维修项目可现场操作的(例如更换升降机、检修空调等),可现场演示给客户看。
3)若有外观维修,服务顾问应指给客户看,并请客户直接触摸或观察油漆质量,然后用干净抹布轻轻擦掉客户的手印及指纹。
4)展示轮胎时,可以当面利用胎压表检测胎压,将数据给客户确认,并告知前、后轮的标准胎压。
5)让客户确认车辆所有的维修项目都已完成。

2. 展示车辆维修部位(图6-6)

客户希望了解他的汽车是哪个部位出了故障,是如何维修的,条件允许时服务顾问可向客户展示维修的部位或指出更换的备件,使客户对汽车维修服务企业的维修工作更加信服。

3. 向客户展示旧件(图6-7)

除了质量担保的旧件和客户特别声明不保留的旧件外,服务顾问应该主动向客户展示更换下来的旧件,并且征求这些旧件的处理意见,以证明维修工作的真实性和必要性。

图6-6 展示车辆维修部位

图6-7 展示旧件

注意：旧件应进行严格的包装后才能放到客户的汽车里，防止把客户的汽车弄脏。对于蓄电池、轮胎等客户不方便处理并对环境有害的旧件，应建议客户由汽车维修服务企业来进行处理。必要时和客户共同验收竣工车辆，对于行驶系统故障或只有车辆在行驶中才能出现的故障，修复后，如果客户要求，服务顾问可以和客户一同试车来检验维修的效果，如果服务顾问不能陪同客户，可以委托质检技术员或技术专家陪同客户一同试车，向客户充分证明汽车维修服务企业高质量的维修服务工作。

三、向客户说明有关注意事项

1）服务顾问陪同客户查看车辆的维修情况时，应依据维修委托书和环车检查单，实车向客户说明。

2）向客户介绍额外免费项目时，有必要操作展示的项目，应亲自操作。

3）应向客户说明车辆相关维修、维护的专业建议及车辆使用注意事项。

4）应向客户说明备胎、随车工具已检查完毕并说明检查结果。

5）应根据维修委托书上建议的维修、维护项目向客户说明这些工作是被推荐的，并记录在车辆维修结算单上。特别是有关安全的建议维修项目，要向客户说明必须维修的原因及不修复可能带来的严重后果。若客户不同意修复，应请客户注明并签字。

6）应对维护手册上的记录进行说明（如果有）。

7）对于首保客户，应向其说明首次维护是免费的，并简要介绍质量担保规定和定期维修、维护的重要性。

8）应将下次维护的时间和里程记录在车辆维修结算单上，并提醒客户留意。

9）应告知客户服务顾问会在下次维护到期前提醒客户预约来店维护。

10）应告知客户3日内服务中心将对客户进行服务质量跟踪电话回访，询问客户方便接听电话的时间并记录在车辆维修结算单上。

【案例】 **交车时可以增加一点额外的服务**

按照客户要求完成维修后，服务顾问就基本完成了工作，但是可以提供一点额外的服务，使客户对服务顾问的关怀体贴产生深刻印象。这不会增加任何额外费用，却能够获得客户的好感。

在工作过程中，服务顾问可能会注意到一些客户尚未察觉的问题，根据发现的问题所提的一些专业建议，有可能防止一些故障重新发生。通常在交付维修车辆时，可以用口头或信息卡的形式提出建议（包括维修时已经处理过的，提醒客户今后注意的问题），例如：

1）发现离合器摩擦片过早磨损，建议您开车时不要将脚放在离合器踏板上。

2）消声器的螺栓松了，我们已帮您拧紧了。

3）驻车制动器操纵杆行程太大，这可能导致驻车制动器失灵，我们已经调整了。

4）4个轮胎的胎压都太高，这会加速轮胎磨损，所以我们已将胎压调整至规范值。

5）您的备胎气压只有60kPa，我们已增加至200kPa，以确保随时能用。

6）熔断器盒里已经没有备用熔片了，建议买几片备用。

7）加速/制动/离合器踏板橡胶已经磨光了，建议更换，否则雨天可能打滑。

8）变速杆防尘套已经破裂，车外噪声会由此传入，换上新的会安静得多。

汽车维修接待实务

> 9）千斤顶松了，在行李舱内晃荡作响，我们已将其放入固定夹中。
> 10）发动机舱盖不能平顺开关，我们已给发动机舱盖铰链加了润滑油。
> 11）车窗喷洗液喷嘴被车蜡堵住了，喷洗液喷不出来，我们已将车蜡清除了，但是以后打蜡时要注意。
> 以上类似的内容还可以列出很多。

【任务实施】

以学习小组为单位，根据交车说明知识要点制订详细的工作计划，并根据计划请每个小组选两名同学分别扮演服务顾问和客户，针对通知客户环节和服务顾问陪同客户进行交车说明环节进行情景模拟演练。通过演练，使学生掌握交车说明的相关知识。

【评价反馈】

一、学习效果评价

1. 陪同客户确认维修、维护效果的内容有哪些？

2. 向客户说明维修项目的注意事项有哪些？

二、学习过程评价

结合学习任务，各小组选派 1 名代表通过图片、PPT 介绍展示本组的工作计划，其他小组的成员对该组的分工合作、计划安排等进行点评。

教师组织全体组员根据制订的工作计划情景模拟通知客户交车和交车说明的工作流程，并根据情况演练进行评价。

本任务的学习评价表见表 6-2。

表 6-2 交车说明评价表

服务顾问姓名：		班级：			
序号	评 价 项 目	分数/分	任 务 评 价		
			学生自评	小组互评	教师评价
1	与客户确认此次维修所做的项目，需逐项进行解释	5			
2	打开发动机舱，主动拔出机油标尺，展示更换机油后的油位及好处	3			
3	告知增值项目并展示免费检测的成果（需使用免费检测单进行解释）	3			
4	向客户展示旧件，并再次询问旧件的处理方式	3			

142

（续）

服务顾问姓名：		班级：			
序号	评价项目	分数/分	任务评价		
			学生自评	小组互评	教师评价
5	告知客户维修技师对轮毂外观损坏、轮胎花纹磨损程度及气门嘴的检测情况（说明标准的轮胎气压数值）	3			
6	用大拇指按压备胎并告知客户其轮胎气压已在维修过程中进行检查及添加、调整（高于其他胎压0.5kPa）	3			
7	告知客户下次维修的时间及里程间隔	3			
8	告知客户下次维修的项目及费用	3			
9	告知24小时客户服务热线	3			
10	告知客户预约服务热线	3			
11	介绍维护提醒标签的作用并询问客户是否同意将维护提醒标签粘贴在风窗玻璃左上角	3			
12	当面取下"预约标牌"，向客户介绍预约的方法和好处	3			
13	与客户确认竣工车辆燃油表及里程表，若有变动须解释	3			
14	告知客户座椅、空调、音响、后视镜等个性化设置已恢复到进厂时的状态	3			
15	当面取下5件套等车辆保护用品	3			
16	检查车门、发动机舱盖和行李舱盖开闭情况	3			
17	介绍燃油添加剂使用中的注意事项，并将添加剂放置在客户认可的地方	3			
18	询问客户还有无其他要求或疑问	2			
19	询问客户对本次服务经历的感受是否满意	3			
20	主动提醒客户3日内有服务回访	5			
21	主动询问客户偏好的回访方式和时间	3			
22	服务顾问着装规范，外表整洁，与客户进行主动指引和沟通，行为符合礼仪规范	3			
23	服务顾问举止自信，语音、语速适中，语言表达清晰	3			
24	在服务过程中，熟练使用倾听、提问的技巧，并能灵活运用FAB法则等应对技巧	5			
25	回应客户的讲话，并有肢体语言"目光接触"或"点头"，并及时记录下客户的信息	3			
26	在服务的过程中及关注客户的感受并对客户适时地进行寒暄、赞美	5			
	合计	85			
	综合评价（评语）				
	礼仪规范				
	沟通技巧				
	流程操作				
	评价等级		☆ ☆ ☆ ☆ ☆		

任务3　结算送别

【任务目标】

1. 能向客户解释结算费用。
2. 能陪同客户结账。
3. 能独立送客户离开。

【任务导入】

结算交车是与客户面对面交流的最后一个环节，客户即将离店，若不能让客户满意离店，弥补的机会就不多了。若能让客户满意离店，便能提高客户进店的几率，使汽车维修服务企业受益。

【任务分析】

在最后的环节，客户的期望是付款前与付款后服务顾问的态度是一样的。服务顾问应做好客户离店前的最后一次沟通，体现真诚的关怀。

【相关教学知识】

一、解释结算费用

费用往往是客户较为关心及敏感的话题，做好费用组成的解释工作关系到服务工作的成败，要做到让客户明明白白、放心消费。

（1）向客户详细解释企业所完成的工作、发票的内容和收费情况　其目的是向客户解释企业根据客户要求所完成的工作以及结算单的内容，使客户理解企业所做的工作和产生费用与制订维修委托书时的报价和项目相同，避免争议。向客户解释时，应针对客户的需求结合维修车间所做的维修工作，向客户出示结算清单并解释发票上的报价，确保发票的结算清晰无误。

解释结算费用

（2）向客户解释维修车间所做的维修工作　根据接车时客户提出的故障描述，向客户解释解决故障的方法、进行的诊断测试、路试和执行的维修工作，解释维修过程中发现的问题和进行维修的必要性以及由此新增加的维修项目。如果客户是通过电话同意修理的，那么此时服务顾问应该请客户补充签字确认。若能向客户说明在工作过程中，维修技师发现并主动处理了一些小问题（如门轴噪声等），将不仅可以清楚地向客户表明他所要求的工作都已经全面、高质量地完成了，而且可以向客户表明提供了超值的服务，从而使客户对维修工作产生信任，提高客户满意度。

（3）向客户出示结算单　如果客户租用了临时替代车辆，在结算时要收回临时替代车协议，并让客户签字。各汽车维修服务企业关于临时替代车辆的政策不尽相同（详见各汽车维修服务企业有关临时替代车辆的相关规定）。

向客户解释结算单上的每一项内容时,不要涉及技术性的细节内容。如果有必要向客户解释这些技术性的细节内容,可以请技术专家或者技术专家助理来协助解释。向客户解释维修车间所进行的维修操作时,可以告诉他们这些操作都是根据他们的要求进行的,对于那些没有开具发票的操作,可以把维修操作清单交给客户。

(4) 列出哪些维修操作是免费的　应向客户展示所有的问题都已经处理完毕,并且说明价格完全是根据所进行的维修操作开出的。向客户解释汽车质量检修卡或维修服务卡时,应让客户了解需要他付钱的每一个项目,从而使客户觉得物有所值。应向客户解释维修操作所产生的所有费用,包括工时费用、对汽车的测试和零部件的费用等。应向客户解释报价中与最初估价有差异的地方,提醒客户关于补充协议的事宜(这就是当初要让客户以书面形式确认进行补充维修操作的原因),可以向客户证明他付出的费用是合理的。

解释完成并获得认可后,请客户在结算单上签字确认(图6-8)。

陪同客户结账

二、陪同客户结账

1)服务顾问陪同客户到收银台结账(图6-9)。
结算员应起身问好,服务顾问应告知结算员客户的付款方式。

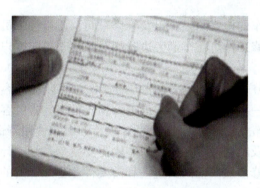

图6-8　请客户在结算单上签字确认

图6-9　服务顾问陪同客户到收银台结账

> 话术示范:"×先生/女士,您这次维修的费用总额为××,请您输入密码,谢谢!"

若是现金付费,要做到唱收唱付,当客户面逐一点清。

> 话术示范:"×先生/女士,总共收您×张100元,×张50元,共计×××元,找您×张20元,共计××元,请您点清,谢谢!"

2)结算员应将结算单、发票等叠好,注意收费金额朝外。将找回的零钱及出门证放在叠好的发票等上面,双手递给客户。

3)收银员应感谢客户的光临,并与客户道别。

在整个结账过程中,服务顾问应尽可能地全程陪同客户,陪同客户在需要签字的文件上签字、去收款处结算发票等,根据情况,可以允许客户缓期付款或分期付款。服务顾问对客户可能遇到的困难表示理解，可以与客户营造出一种互相信任的氛围，这也是提高客户忠诚度的好方法。

三、将资料交还客户

服务顾问应将车钥匙、行驶证、维护手册等相关物品交还给客户（图6-10），将能够随时与服务顾问取得联系的方式（电话号码等）告诉客户，询问客户是否还需要其他服务。

维修资料的完整性会涉及客户的利益，例如很多汽车维修服务企业规定，若客户不能提供汽车维修服务企业做首次维护或常规维护的证明，则车辆不能享受质量担保政策，所以一定要在客户离店前将资料收齐并整理后一并交给客户，并提醒客户保存资料的作用。将资料交还给客户有以下好处：

（1）可以吸引客户再次光临 资料交接时，能通过给客户提供一些关于汽车维护和使用方面的建议，增加售后服务业务。

图6-10 服务顾问将资料交还客户

根据维护检查单或车辆出厂检验单上对客户汽车的检修结果，以及维修车间、质检技术员的观察和建议，能向客户推荐一些可以考虑的维修工作。在车辆旁边时能对照检查单向客户指出需处理的部位。

（2）在交付过程中保持商业意识 给予客户一些关于汽车维护的建议，可以提高客户乘坐的舒适性。如果客户技术检修的期限是在一年之内，可以建议进行预先检查，告诉客户下次维护的时间和里程以及某些损耗件（例如轮胎、制动摩擦片等）预计的剩余使用寿命，在结算单上记下预计的更换时间，并提醒客户及时更换。如果客户车辆需要紧急维修或计划维修，应该与客户约定维修的时间，尤其在维修涉及车辆的安全性和需要行业管理部门的审核时。

服务顾问应特别注意：对于涉及安全的、须立即修理的维修项目，服务顾问要向客户说明危害性并建议客户立即进行修理，如果客户坚持不进行修理，那么服务顾问应在维修委托书或结算单上注明，并请客户在责任免除单上签字确认。

建议服务顾问把客户的这些情况记录下来，作为汽车维修服务企业对客户开展主动预约的依据，由客户关系部门定时提醒客户，以增加客户的满意度。这样操作的优点：可以向客户建议对汽车车身或内部机械进行维护，或更换零备件、装配附件，从而获得发展维修业务销售的机会。

（3）销售额外服务 利用一切与客户接触的机会向客户介绍产品以及服务，在可能的情况下，还可以与客户约定维修。

四、送别客户（图6-11）

送别客户并对客户的惠顾表示感谢，让客户感受到汽车维修服务企业仍然关注客户和客户的期望，并会一直为客户考虑（直至客户离开汽车维修服务企业为止）。汽车维修服务企业应始终记住一次维修服务的结束可能是下一次维修的开始,要使客户感觉到企业的关心自始至终。

交车送别

图 6-11　送客户离开

1. 引领客户

引领客户至交车区,为客户取下保护装置,向客户交付车辆维修的资料,并与客户保持交流。

> 话术示范:"×先生/女士,在今后用车过程中,有任何需求可以直接联系我。"

注意事项:服务顾问走在客户左前方,配合客户步伐,根据天气准备雨伞。

2. 下次维护提醒

> 话术示范:"×先生/女士,您下次维护的里程数是××km,时间为××,到时我们会发短信提醒您,也请您自己留意一下。"

3. 告知厂家回访时间,并希望得到客户的好评

4. 提醒 24 小时服务热线、预约电话

5. 礼貌送行

为客户打开车门,请客户入座后,服务顾问将放行条交予保安表示感谢并目送离开。

> 话术示范:"×先生/女士,感谢您的光临,我替您去交放行条,祝您××愉快。"

注意事项:打开车门时,单手扶头;小跑至门卫室传递放行条;目送客户时间不低于 10s;若客户无意马上离开,不要打搅客户,及时离开。

【任务实施】

以学习小组为单位根据结算送别学习内容,制订详细的结算送别工作计划,各小组选派学生扮演服务顾问、客户、收银员,结合课程内容对结算送别环节进行情景模拟演练。通过结算送别演练,让学生了解结算送别的内容和技巧。

【评价反馈】

一、学习效果评价

1. 付款结账，收银员应该向客户提交（　　），提醒客户点清款项并妥善保管。
   A. 发票单　　　　　　　　　　B. 收银处联系电话
   C. 结算单　　　　　　　　　　D. 提车联

2. （　　）是一种由银行或信用卡公司签发，证明持卡人信誉良好，可以在指定的消费场所消费或在各地的金融机构取现，办理结算的信用凭证和支付工具。
   A. 支票　　　　B. 汇票　　　　C. 本票　　　　D. 信用卡

3. 客户结算时，服务顾问需要陪同吗？（　　）
   A. 需要，这是服务顾问的服务规范
   B. 由服务顾问自愿决定
   C. 不需要，消费信息是客户的个人隐私，不便陪同
   D. 不需要，但是要向客户指明收银处的方位

4. 支票的有效期为（　　）天。
   A. 5　　　　　　B. 10　　　　　C. 30　　　　　D. 60

二、学习过程评价

结合结算送别学习任务，各小组选派1名代表通过图片、PPT展示制订的工作计划，其他小组的成员对该组的汇报要点、分工合作等进行点评。

教师组织各组选派代表情景模拟结算送别的工作流程，并根据演练情况对各组的演练进行评价。

本任务的学习评价表见表6-3。

表6-3　交车送别评价表

服务顾问姓名：		班级：			
序号	评价项目	分数/分	任务评价		
			学生自评	小组互评	教师评价
1	对维修工时及材料费逐一解释，并确认与预估一致	5			
2	对维修中所用时间逐一解释，并确认与预估一致	5			
3	询问客户是否还有其他要求或疑问	5			
4	再次确认支付方式并询问是否需要开具发票	5			
5	主动陪同客户到收银处结算，并主动向收银员介绍支付方式、金额及发票信息	5			
6	询问客户对本次服务经历的感受是否满意	5			
7	再次提醒客户不要遗留贵重物品	5			
8	向客户提醒下次维护的时间和里程，并向客户宣传维护预约的好处及方式	5			

（续）

服务顾问姓名：		班级：			
序号	评 价 项 目	分数/分	任 务 评 价		
			学生自评	小组互评	教师评价
9	结算后将所有单据整理好，连同车钥匙、保修维护手册和行驶证还给客户	5			
10	送别客户时回收防护五件套并主动致谢告别	5			
11	服务顾问着装规范、外表整洁，与客户进行主动指引和沟通，行为符合礼仪规范	5			
12	服务顾问举止自信，语音、语速适中，语言表达清晰	5			
13	在服务过程中，熟练使用倾听、提问的技巧，并能灵活运用FAB法则等应对技巧	5			
14	回应客户的讲话时，有肢体语言"目光接触"或"点头"，并及时记录下客户的信息	5			
15	在服务的过程中关注顾客的感受并对顾客适时地进行寒暄、赞美	5			
16	结算与送别环节所使用的单据齐全并填写规范（例如回访方式和时间应在结算清单上标注）	5			
	合计	80			
综合评价（评语）					
	礼仪规范				
	沟通技巧				
	流程操作				
	评价等级		☆ ☆ ☆ ☆ ☆		

任务4　保修索赔

【任务目标】

能够进行保修索赔业务处理。

【任务导入】

在实际工作中，交车是一件十分烦琐的事情。服务顾问不仅要做好与客户之间的沟通工作，还要熟悉内部业务流程。早上刚上班，一位客户就来到店里，大声嚷嚷道："怎么我的车前照灯进水了？这是怎么回事呀？"面对这种情况，应该如何处理？

【任务分析】

在交车环节，服务顾问同样可能面对各种各样的客户，保修业务就是服务顾问需要面对的工作之一，服务顾问要协助索赔员处理好保修业务。

【相关教学知识】

一、汽车保修索赔相关概念

1. 保修索赔定义

汽车保修索赔是指在规定的保修期限内，汽车厂家为其制造并经合法登记、正常使用的汽车提供免费保修服务的承诺。

保修是在规定的保修期限内对车辆在材料和制造加工过程中的缺陷实施纠正的过程。

2. 产品质量

质量问题包括产品缺陷和异常。

缺陷是指产品不符合工艺及制造规范，导致某一部件或总成有实际损坏，或产品的某一部分不能按设计要求起作用。异常是指部件、系统或功能不能按设计要求运行，与类似产品相比存在着实质性差别。

汽车产品缺陷是指由于设计、制造等方面的原因而在某一批次、型号或类别的汽车产品中普遍存在的具有同一性质的危及人身、财产安全的不合理危险，或者不符合有关汽车安全的国家标准情形。

1）设计上的缺陷：产品在设计上存在着不安全、不合理的因素。例如结构设置不合理，设计选用的材料不适当，没有设计应有的附加安全装置，或由于制造的疏失造成车辆有明显或隐性的功能不良或故障。

2）制造上的缺陷：产品在加工、制作、装配等制造过程中，不符合设计规范，或者不符合加工工艺要求，没有完善的控制和检验手段，致使产品存在不安全的因素。

3）告知上的缺陷（也称指示缺陷或说明缺陷）：由于产品本身的特性而具有一定合理危险性。

3. 车辆故障形成的原因

（1）环境外来因素造成　例如具有破坏性的异常环境；天气引起的直接、间接损伤；化学反应导致的腐蚀性伤害；偷窃、外力破坏。

（2）制造厂因素　例如车辆配件材料、制造加工过程中的缺陷；车辆使用中的部件自然消耗、损失、老化。

（3）客户因素　例如驾驶操作不当；特殊用途导致；车辆改装、加速不当；定期维护不全；意外碰撞。

4. 汽车保修期

汽车保修期是指汽车制造商向消费者卖出商品时，承诺的对该商品因质量问题而出现故障时提供免费维修或更换的期限。汽车保修期有两个条件：一是时间期限，以客户购买车辆开具购车发票当日开始计算；二是行驶里程，以累计行驶里程数为准。此两个条件先到为准，即只要这两个条件任意达到一个，就表明车辆的保修期已过。例如"2年或5万km，以先到者为准"，即行驶时间到2年，或行驶里程数到5万km中任意一个条件达到，就表明车辆的保修期已过。不同汽车制造商、不同车型、不同用途的车辆的保修期不同。例如一汽丰田保修期为24个月或5万km；东风标致保修期对非出租车为2年或4万km，对出租车为1年或10万km。

汽车保修期分为整车保修期、零部件保修期和自费更换原厂配件保修期。

1）整车保修期一般是汽车制造商对外公布的该车保修期，并非指整车任何部件都能享受的保修期，准确地说是指该车中保修期最长的零部件的保修期。

2）零部件保修期是指汽车制造商对该车各种零部件都设定的保修期。不同零部件的保修期不同，例如发动机气缸体保修期为 2 年或 5 万 km，各种传感器保修期为 1 年或 2.5 万 km，易损件、刮水器等保修期更短些或不保修。

3）自费更换原厂配件保修期是指不在保修期内或不属于保修范围内，而客户自费在汽车维修服务企业更换的配件的保修期，例如东风本田汽车设定的保修期为 12 个月或 2 万 km。

5. 保修索赔业务的分类（表 6-4）

表 6-4 保修索赔业务的分类

保修分类	类别	内容说明
按保修类型分类	标准保修	在保修期内零部件失效或异常，给予免费维修或更换
	召回保修	涉及国家安全标准等法律的故障，影响行驶、转向、制动等基本功能，同时对市场有较大影响的故障，给予免费维修或更换
	特殊条件保修	为了保护客户权益，根据具体情况处理的免费维修或更换
按保修内容分类	汽车制造公司保修	按汽车制造公司的保修制度规定，若由于汽车制造公司制造上的责任产品出现问题，汽车制造公司将根据保修说明书所列期限和条款进行免费维修或更换
	用品保修	用品分为在生产汽车时安装的用品（即汽车制造公司选装件）和其后安装的用品（即汽车维修服务企业选装件），在其规定保修期内，给予免费保修
	汽车维修保修	在汽车维修服务企业内进行维修或定期维护的部分出现故障，对该部分进行免费维修或更换

6. 保修索赔的目的

（1）获得客户的信赖　客户购买的车辆一旦发生故障，客户对商品的期待与信任会受到影响。合适的保修能恢复客户对商品的信赖，提高客户满意度（图 6-12）。

图 6-12　保修索赔获得客户的信赖

（2）收集市场的保修信息　为创造客户满意的商品，收集市场的保修索赔信息，有利于推动和改善商品品质工作（图 6-13）。

图 6-13　收集市场的保修索赔信息

7. 保修原则

在保修服务中应以修复为主，一般不更换总成件，能通过修理恢复产品技术性能指标的，一律不更换总成件；凡车辆能行驶的，原则上进站保修。

保修期内的车辆，在质量保修期内因产品质量问题需要修复或更换零件的，应填写"技术服务鉴定表"并进行申报与处理。

8. 不属保修范围

不同汽车制造公司所规定范围不一样，一般如下情况不属保修范围：
1) 在进行保修或维修过程中，由于疏忽导致的损伤。
2) 未按汽车制造公司规定进行定期维护所导致的故障。
3) 非汽车制造公司指定的汽车维修服务企业或服务站进行维修引起的部件质量缺陷。
4) 在用于赛车或通常非行车环境中行驶导致的损伤。
5) 未按汽车制造公司规定的驾驶方法使用或超过其规定的限度及标准（最大载重量、定员、发动机转速及其他）而导致的损伤。
6) 未使用汽车制造公司准许的零部件或附件及指定的润滑剂或燃料而导致的损伤。
7) 未经汽车制造公司准许的改装而导致的损伤。
8) 由于不妥善的保管和运输导致的损伤。
9) 由于交通事故或不可抗拒的自然灾害、火灾、盗窃等导致的损伤。
10) 消耗性油液或自然磨损的零部件，例如机油、机油滤清器等。
11) 清洗、检查、调整和定期维护项目。
12) 保修中偶然性费用，包括住宿、用餐或其他额外费用。
13) 因全部或部分浸没在水里而造成的腐蚀。

二、汽车保修索赔业务

1. 服务人员职责

（1）服务经理　其负责索赔全过程的控制及管理；将规范、具体、明确的索赔管理、控制流程及操作文件落实到实际的索赔维修操作过程中；明确在索赔管理流程中相关人员的职责和所应承担的责任；组织和安排与索赔操作有关的人员，进行必要的索赔政策和知识的培训；监控索赔内容项目的完整性、合理性、符合性、准确性和规范性，定期抽查。

（2）索赔员　负责保修全过程的控制及管理，并执行"保修手册"索赔流程；处理索赔要求、鉴定索赔并区分类型、拍摄故障照片、操作系统程序、填写各类索赔申请文本、接收整理旧件、管理和返运旧件、与汽车制造公司保修索赔部核对账务、分析故障分类、汇总分析索赔数据、办公及索赔旧件库管理等。

（3）服务顾问　其负责客户来店接待，初步判定车辆故障是否属于保修范围，收集相关保修信息，向索赔员反映情况，协助索赔员开展索赔工作，告知客户相关情况。

（4）车间经理或调度员　其负责组织维修班组进行故障确诊，进一步拆检、维修，分析故障原因，确定维修方案。

（5）维修班组　其负责实施保修车辆拆检和维修及交接旧件。

（6）配件部　其负责保修旧件以旧换新，并复核索赔件的完整性。

（7）质检员　其负责保修车辆检验，做出是否合格的判定，保证车辆恢复正常状态。

（8）抢修/拖车员　其负责保修车辆的抢修和拖带。

2. 保修索赔业务内容介绍

车辆从厂家到汽车维修服务企业，再销售到客户手中，发生故障后回到汽车维修服务企业进行维修，这期间产生保修索赔业务时，按时间顺序可以如下排列：
1) 车辆从厂家到汽车维修服务企业时须进行 PDI 检查（即新车交接检查），若发现车辆质量缺陷可进行保修。

2）车辆出售时的保修登记。

3）车辆发生故障后客户来店要求进行保修的判定。

4）现场报告的制作与保修申请的发送。

5）保修件的管理及返回。

6）保修的费用结算。

三、汽车保修索赔服务流程

1. 汽车召回作业流程

当汽车整车出现批次性质量问题时，根据我国汽车召回的相关规定，应由汽车制造厂商发布召回信息，由汽车制造厂商、汽车维修服务企业进行维修处理。汽车召回作业流程如图 6-14 所示。

2. 汽车免费保修作业流程

汽车免费保修作业流程如图 6-15 所示。

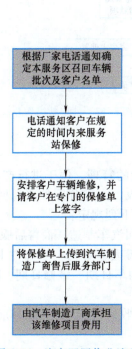

图 6-14　汽车召回作业流程

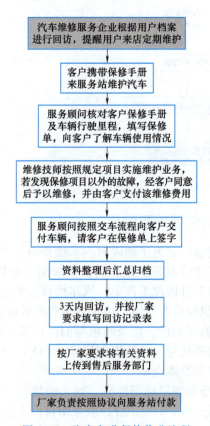

图 6-15　汽车免费保修作业流程

3. 保修期内备件的保修索赔作业流程

对于保修期内的备件索赔作业流程，可分为来店处理和外出救援两种方式。

（1）来店处理　来店处理作业流程如图 6-16 所示。

（2）外出救援　接到救援电话需要外出施行救援作业时，要先询问故障情况，初步分析能否进行现场维修，如果不能，则需安排拖车拖至维修厂。外出救援作业流程如图6-17所示。

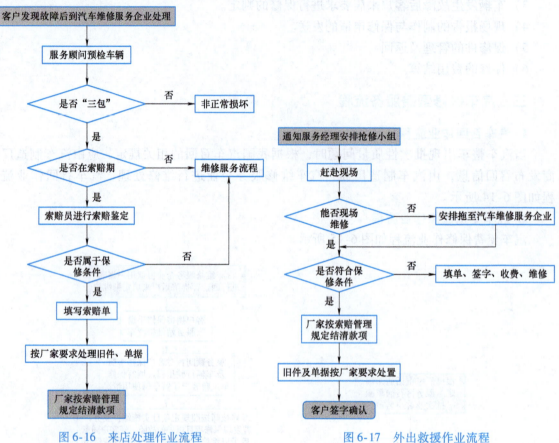

图6-16　来店处理作业流程　　　　图6-17　外出救援作业流程

四、维修旧件回收规定

汽车制造厂商为了加强对汽车维修服务企业维修质量的管理，便于进行产品质量跟踪，要求各汽车维修服务企业对更换下来的三包旧件分类回收，大部分旧件要返回汽车制造厂商。在维修旧件回收工作中，汽车维修服务企业必须遵守下列规定：

1）提供保修服务时，应按规定将回收的旧件及时返回汽车制造厂商售后服务部门。

2）维修结束后，应及时填写旧件标签，并按1件1签套牢在每一个旧件上。旧件标签内容包括发动机号、车辆识别代号（VIN）、行驶里程、购车日期、维修日期、服务站代码、服务站名称和故障现象。

3）服务站在返回旧件时，须正确填写"保修材料回收统计单"，其编号应与结算单上填写的编号一致，1式3份，服务站自留1份。

五、保修费用的计算方法

汽车维修服务企业的保修费用由汽车制造厂商结算。

1. 保修费用的组成

保修费用包括走合维护费、保修工时费、保修材料费、出差服务费、紧急救援费、旧件回收运输费及其他发生的费用。

2. 保修费用结算单的报审程序

1）结算数据上报。目前大多数汽车制造厂商采用电子邮件的方式上传结算数据，规定每月的固定一天为结算数据上传日。

2）费用的报审项目及凭证。走合维护费，凭维护费用结算单；工时费、材料费，凭保修费用结算申报表、保修材料回收统计单等；出差服务费，凭外出服务报审单和有效票据；旧件运输托运费，凭旧件运输托运费的有效票据。

3）从收到服务站的保修费用结算申报单及经确认的旧件回收单之日起，原则上应20日内审核完毕。

4）结算员按要求审核后，交财务部门复核。对审核费用及审核扣除的不合理费用，坚持"三包"结算回复制，结算员负责以书面或电子邮件方式通知服务站。

5）财务部门复核后转结算员，通知服务站开具增值税发票。结算员接到发票后，填写费用报销单，经相关部门审核签字后交财务部门，由财务部门向汽车维修服务企业支付保修服务费。

> **多学一点 汽车召回**
>
> 汽车召回（RECALL）是按照《缺陷汽车产品召回管理规定》要求的程序，由缺陷汽车产品制造商进行的消除其产品可能引起人身伤害、财产损失的缺陷的过程。此过程包括制造商以有效方式通知销售商、修理商、车主等有关方面关于缺陷的具体情况及消除缺陷的方法等事项，并由制造商组织销售商、修理商等通过修理、更换、收回等具体措施有效消除其汽车产品的缺陷。
>
> 汽车召回制度的颁布为缺陷汽车的处理提供了规则和程序，同时明确了汽车生产企业与客户的权益和责任。汽车生产企业一旦发现自己生产的产品有缺陷，就应坦诚、负责地召回，这是企业向消费者展示负责态度、提升品牌形象的机会。
>
> 汽车召回的程序如图6-18所示。

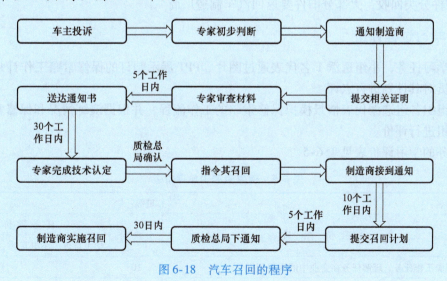

图6-18 汽车召回的程序

【任务实施】

以学习小组为单位，根据保修索赔的工作内容制订详细的保修索赔工作计划，并根据工作计划进行一场模拟车辆保修索赔服务的流程演练，学生按服务规范完成车辆的保修索赔工作。通过车辆保修索赔演练，让学生了解车辆保修索赔的相关知识。

【评价反馈】

一、学习效果评价

1. 有质量缺陷的汽车产品，符合保修规定的，可以到所在地的服务站保修索赔，由（ ）支付费用。

   A. 汽车制造厂商　　　　　　　　　　B. 客户
   C. 维修服务站　　　　　　　　　　　D. 汽车维修服务企业销售部门

2. 汽车保修索赔政策中，"具有质量缺陷的汽车产品"包括（   ）

   A. 整车　　　　B. 配件　　　　C. 汽车改装用品　　　D. 汽车防爆膜

3. 整车保修索赔期是从车辆开具购车发票之日起（   ）个月，或车辆行驶累计里程（   ）万 km，两个条件以先达到的为准。

   A. 6；1　　　　B. 48；6　　　　C. 12；3　　　　D. 24；4

4. 汽车制造厂商为每一辆汽车提供（   ）次在汽车特约销售服务站进行免费维护的机会，免费维护的费用属于保修索赔范围。

   A. 1　　　　　B. 2　　　　　C. 3　　　　　D. 4

5. 汽车制造厂商对在汽车维修服务站更换下的三包旧件的管理办法是（   ）。

   A. 由维修服务站回收后自行处置
   B. 由客户回收
   C. 旧件分类回收，大部分旧件要返回汽车制造厂商

二、学习过程评价

结合学习任务，小组选派 1 名代表通过图片、PPT 展示制订的保修索赔工作计划，其他小组的成员对其计划进行点评。

教师组织各组选派代表情景模拟保修索赔的工作流程，并根据演练情况和保修索赔相关内容对各组进行评价。

本任务的学习评价表见表 6-5。

表 6-5　保修索赔工作评价表

服务顾问姓名：		班级：			
序号	评 价 项 目	分数/分	任 务 评 价		
			学生自评	小组互评	教师评价
1	明确工作任务，理解任务在企业中的重要程度	10			
2	能够制订合理的保修索赔工作计划	10			

(续)

序号	评价项目	分数/分	任务评价		
			学生自评	小组互评	教师评价
	服务顾问姓名:	班级:			
3	熟知汽车质量担保知识,能够识别车辆的三包情况	10			
4	能处理发动机和变速器的主要零件、易损耗零部件、汽车系统主要零件的质量问题	5			
5	熟知保修的原则	10			
6	熟知不属于保修的范围	10			
7	熟知汽车召回作业流程	5			
8	熟知汽车免费保修作业流程	5			
9	熟知保修期内备件的保修索赔流程	5			
10	能对三包旧件进行分类回收	10			
11	能正确填写"保修材料回收统计单"	5			
12	能正确计算保修费用	10			
13	能正确报审保修费用	5			
	合计	100			
综合评价(评语)					
	礼仪规范				
	沟通技巧				
	流程操作				
	评价等级		☆ ☆ ☆ ☆ ☆		

任务 5 保 险 处 理

【任务目标】

1. 能够准确叙述机动车的主险和附加险。
2. 能够叙述保险理赔和被保险车辆维修基本流程。

【任务导入】

投保事故车的交车作业比其他业务的交车作业复杂得多。虽然保险业务与服务顾问并没有直接关系,但是很多的客户在这方面遇到问题时总希望能够向服务顾问求助。

【任务分析】

投保事故车保险理赔是服务顾问在交车环节需要完成的业务之一,服务顾问要协助客户处理好保险理赔业务。

【相关教学知识】

一、机动车保险基本知识

机动车保险按性质可以分为强制保险与商业保险。

强制保险全称为机动车交通事故责任强制保险（简称交强险）。交强险是国家规定强制购买的保险。它是指被保险机动车在保险期间发生交通事故，保险公司对每次保险事故造成受害人（不包括本车人员和被保险人）的人身伤亡和财产损失所承担的赔偿（责任限额内）。机动车必须购买交强险才能上户、上路行驶、年检。

商业保险是非强制购买的保险，车主可以根据实际情况选择。商业车险种类根据保障的责任范围分为主险和附加险。主险包括机动车损失保险、机动车第三者责任保险、机动车车上人员责任保险、机动车全车盗抢保险4个险种。投保人可以选择投保全部险种，也可以选择投保其中部分险种。

1）机动车损失保险是指被保险人或其允许的驾驶人在使用被保险机动车过程中，因遭受保险责任范围内的自然灾害或意外事故造成被保险机动车的直接损失，且不属于免除保险人责任范围的，保险人依照保险合同的约定负责赔偿。

2）机动车第三者责任保险是指被保险人或其允许的驾驶人在使用被保险机动车过程中发生意外事故，致使第三者遭受人身伤亡或财产直接损毁，依法应当对第三者承担的损害赔偿责任，且不属于免除保险人责任范围的，保险人依照保险合同的约定，对于超过机动车交通事故责任强制保险各分项赔偿限额的部分负责赔偿。

3）机动车车上人员责任保险是指被保险人或其允许的驾驶人在使用被保险机动车过程中发生意外事故，致使车上人员遭受人身伤亡，且不属于免除保险人责任范围的，依法应当对车上人员承担的损害赔偿责任，保险人依照保险合同的约定负责赔偿。

4）机动车全车盗抢保险是指被保险机动车全车被盗窃、被抢劫、被抢夺造成的车辆损失以及在被盗窃、被抢劫、被抢夺期间受到损坏或车上零部件、附属设备丢失需要修复的合理费用，且不属于免除保险人责任范围的，保险人依照保险合同的约定负责赔偿。

附加险是指购买了主险之后附加的汽车险种，不可以单独投保。附加险包括玻璃单独破碎险、自燃损失险、新增加设备损失险、车身划痕损失险、发动机涉水损失险、修理期间费用补偿险、车上货物责任险、精神损害抚慰金责任险、不计免赔率险、机动车损失保险无法找到第三方特约险、指定修理厂险。

自燃损失险、玻璃单独破碎险、车身划痕损失险、新增加设备损失险、发动机涉水损失险、修理期间费用补偿险、机动车损失保险无法找到第三方特约险、指定修理厂险是机动车损失保险的附加险，必须先投保机动车损失保险后才能投保这几个附加险；车上货物责任险是机动车第三者责任保险的附加险，必须先投保机动车第三者责任保险后才能投保这个附加险；精神损害抚慰金责任险是机动车第三者责任保险和机动车车上人员责任保险的附加险，已投保机动车第三者责任保险或机动车车上人员责任保险的车辆才可投保本附加险；投保了任一主险及其他设置了免赔率的附加险后，均可投保不计免赔率险。

附加险条款与主险条款相抵触之处，以附加险条款为准，附加险条款未尽之处，以主险条款为准。除附加险条款另有约定外，主险中的责任免除、免赔规则、双方义务同样适用于附加险。

二、保险理赔和投保车辆维修基本流程

1. 保险理赔流程

汽车维修服务企业的服务顾问不仅自身要熟悉保险理赔的基本流程，而且要让客户了解理赔的基本流程。这样，客户在出现交通事故后才能与汽车维修服务企业联系，由汽车维修服务企业出面帮助客户处理保险理赔。车辆保险理赔流程如图 6-19 所示。

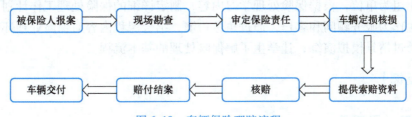

图 6-19　车辆保险理赔流程

2. 保险车辆维修流程

为保证被保险车辆的工作进度和质量，汽车维修服务企业应认真抓好保险车辆维修。汽车维修服务企业的保险车辆维修流程如下：

1）被保险车辆进厂后，应先确定是否需要保险公司进行受损车辆损伤鉴定。若需要，则由服务经理负责联系保险公司进行鉴定。切不可不经保险公司而直接拆检，以免引起纠纷。

2）要积极协助保险公司完成对车辆查勘、照相以及定损等必要工作。

3）保险公司鉴定结束后，由车间经理或调度员负责安排班组进行拆检。各班组长将拆检过程中发现的损伤件列表并通知车间经理或服务经理。

4）服务经理将损伤件列表后联系保险公司，对被保险车辆进行全面定损并协商被保险车辆维修工时费。定损时，应由服务经理陪同，若服务经理不在，应提前向服务顾问交代清楚。

5）服务顾问根据保险公司定损单下达维修委托书。客户有自费项目的，应征得客户同意，另开具一张维修委托书并注明，然后将维修委托书交由车间经理或调度员安排维修。

6）服务顾问开完维修委托书后，将定损单转报给报价员。

7）报价员将定损单所列材料项目按次序填入汽车零部件报价单，报价单必须注明车号、车型、单位、底盘号，然后与相关配件管理人员确定配件价格，并转给备件主管审查。

8）报价员在备件主管处确定备件价格、数量、项目后，向保险公司报价，并负责价格的回返。

9）报价员将保险公司返回价格交备件主管审核，若价格有较大出入，则应由服务经理同保险公司协调。报价员将协调后的回价单复印后，将复印件转给备件主管。

10）定损时没有发现的车辆损失，由服务经理与保险公司协调，由保险公司进行二次查勘定损。

11）若有客户要求自费更换的部件，必须由客户签字后才可到备件库领料。

12）保险车维修完毕后应严格检验，确保维修质量。

13）维修车间将旧件整理好，以便保险公司或客户检查。
14）检验合格后，维修委托书转服务顾问审核，注明客户自费项目，审核后转结算部门。
15）结算员在结算前将所有单据准备好。
16）由服务顾问通知客户结账，服务经理负责车辆结账解释工作。
17）若有赔款转让，由服务经理协调客户、保险公司办理。

【任务实施】

以学习小组为单位，根据保险处理学习内容，制定详细的保险处理工作计划，每组分别选出两名学生作为服务顾问和客户，通过角色扮演，结合课程内容对保险处理环节进行情景模拟演练。通过情景模拟演练，让学生了解保险处理的基本流程。

【评价反馈】

一、学习效果评价

1. 机动车商业保险的主险和附加险分别是什么？

2. 机动车保险理赔的流程是怎样的？

3. 投保车辆和普通车辆的维修流程有什么不同？

二、学习过程评价

结合保险处理学习任务，小组选派 1 名代表通过图片、PPT 展示制定的保险处理工作计划，其他小组的成员对其计划进行点评。

教师组织各组选派代表情景模拟保险处理的工作流程，并根据保险处理相关内容对各组进行评价。

本任务的学习评价表见表 6-6。

表 6-6　保险理赔工作评价表

服务顾问姓名：			班级：		
序号	评价项目	分数/分	任务评价		
			学生自评	小组互评	教师评价
1	明确工作任务，理解任务在企业中的重要程度	10			
2	能够制订合理的保险处理工作计划	10			
3	熟知机动车损失保险及其附加险	10			
4	熟知机动车第三者责任保险及其附加险	10			

（续）

服务顾问姓名：		班级：			
序号	评价项目	分数/分	任务评价		
			学生自评	小组互评	教师评价
5	熟知保险处理流程	10			
6	熟知被保险车辆维修基本流程	10			
7	能够根据保险公司定损单下达"维修委托书"	10			
	合计	70			
	综合评价（评语）				
	礼仪规范				
	沟通技巧				
	流程操作				
	评价等级		☆　☆　☆　☆　☆		

任务6　异议处理

【任务目标】

1. 了解客户异议的含义。
2. 熟悉客户异议处理的工作步骤。
3. 能够独立处理客户提出的服务异议。

【任务导入】

不少客户在接车的时候看上去非常好沟通，而一到交车的时候却变得吹毛求疵，很多服务顾问已经十分礼让，而客户却总是不依不饶，不少服务顾问在客户的软磨硬泡之下，只好打折了事。遇到客户有异议，应该如何处理？

【任务分析】

在交车的环节，无论是公司与客户之间对服务理解有歧义，还是公司提供的服务前期有失误或者是其他原因导致客户有异议，都需要服务顾问在交车作业的时候进行妥善处理，以免在后期造成更大的麻烦。

【相关教学知识】

一、客户异议的含义

维修接待中的客户异议也称为客户购买异议，是指客户在维修接待中对产品或服务，以及对维修接待服务人员或汽车厂商表现出的怀疑、否定或提出的反对意见的统称。

产生客户异议表明客户满意度比较低，行为特征表现为抱怨、遗憾、气愤、烦恼，严重的还会出现投诉、反面宣传等。

客户异议处理的核心内容是掌握异议处理的步骤与方法。

客户异议的提出方式有向服务顾问抱怨、向汽车维修服务企业客户服务部门投诉、向汽车厂家投诉等。出现客户异议，应按照先处理心情再处理事情的原则，分析异议产生原因，明确客户需求，与客户充分沟通，提出高效解决方案，避免矛盾升级。

二、正确认识客户异议

客户出现异议并不意味着他们对产品、服务的否定，相反客户的异议是销售达成的信号。客户异议指向客户的心理需求，包含以下几点：

1）通过异议能了解客户的内心想法，帮助服务顾问进一步挖掘客户的需求。
2）嫌弃服务、产品的客户才是有购买意向的，没有异议的客户才是最难处理的客户。
3）异议表明客户需要获得更多的信息。
4）异议经过妥善处理能缩短成交的距离，争论则会增加成交的距离，因此与客户正确地交流，能够促进销售。

三、客户异议产生的原因

客户异议产生的原因往往是非常复杂的，正确认识客户提出的种种异议及其产生的根源，是有效处理这些异议的前提条件。客户异议产生的原因主要有以下几方面：

（1）需求异议　客户认为产品不符合自己的需要而提出异议。
（2）价格异议　客户认为价格过高或与期望不符而提出异议。
（3）维修进度异议　客户对服务顾问提出的交车时间表示有异议。
（4）服务异议　客户针对购买前后一系列服务的具体方式、内容等提出异议。

四、客户异议处理的要求

维修接待中的客户异议处理有以下 5 点要求：

1）做好准备，从容应对。
2）维持冷静，避免冲突。
3）处理异议，留有余地。
4）尊重客户，以诚相待。
5）及时处理，客户满意。

五、客户异议处理的工作步骤

1. 接待异议客户

在向客户交车前，服务顾问要做好心理准备，预计可能出现的客户异议情况。遇到有异议的客户时，应用友好热诚的态度接待客户，避免事态恶化。

2. 道歉抚慰情绪

应真诚道歉并抚慰客户情绪，不要为失误辩解或与客户争执，真诚向客户表达歉意更容易获得客户的谅解。服务顾问在补救失误时，要按照先处理情绪再处理事情的原则，先安抚客户的愤怒情绪，站在客户的立场上理解其感受，待客户情绪稳定后再提出解决措施。在这个阶段可以使用如下语言表达对客户的关心，获得客户的认同感："我可以理解您现在的心情""谢谢您把这件事提出来""我理解您这么生气的原因了""我知道您提出这样的问题也是帮助我们提升服务质量，谢谢您"。

3. 倾听了解需求

在客户异议处理过程中，服务顾问要倾听客户的倾诉，分析判断其需求。客户异议按照性质来分，可以分为真实的客户异议和虚假的客户异议两种。

（1）真实的客户异议　当客户提出真实异议时，就意味着产品所带来的客户利益还不够充分，或者客户根本不感兴趣，或者服务顾问的服务让客户感到不满意。这时，服务顾问首先要做的是加强客户对产品知识的掌握，使客户多了解产品能为其带来的利益，并积极洞悉客户的心理，为客户提供更为优质的服务。

（2）虚假的客户异议　客户虽然提出很多异议，但这些异议有时并非真实的需求，而是希望借此达到自己的真实目的，例如宣泄情绪、希望引起重视等。

为了明确客户的意图，服务顾问可以运用探询的技巧，以分析客户的意图，例如使用下列的方式沟通："我希望您能够再说明一下这点……""您的意图是不是……""假如您能够再详细说明一下，我会了解得更清楚""您所反映的这一问题，换句话说，是不是……""后来的情况是怎样的呢？"。

4. 理清责任权限

应根据异议情况分析责任权属，明确处理异议的责任人。

5. 分析异议原因

客户异议产生的原因往往是非常复杂的，正确认识客户提出的种种异议及其产生的根源，是有效处理这些异议的前提条件。客户异议主要有：需求异议、价格异议、维修进度异议、服务异议等。

6. 研究处理方法

应根据异议的类型，研究可行的处理方法，与客户充分沟通，达成解决问题的一致意见。

7. 迅速处理异议

迅速处理客户异议是有效解决维修接待中客户异议的关键，任何拖延、推诿责任的做法都将最终导致矛盾扩大，不利于问题的解决。

8. 落实服务跟踪

应在约定的时间内对客户进行回访，了解客户车辆的使用情况，解释客户疑问。

六、常见的客户异议处理的工作方法

解决客户异议的工作方法因异议类型而异。常用的解决客户异议的方法有以下几种：

1. CPR 法则

当客户有不同意见时，表示客户想要了解更多的信息。对服务顾问来说，则可以给客户提供更多的信息。解决客户的顾虑对所有和客户打交道的员工来说都是一个非常具有挑战但又十分关键的任务。CPR 法则是一个经过实践证明的有效话术框架，它可以有效地把问题变成一个创造欣喜的机会。

CPR 法则分为说明、复述、解决 3 个步骤。

（1）说明　说明是指当客户有疑虑时，服务顾问要请客户清楚地说明他的疑虑所在。通过开放式提问，可以帮助服务顾问正确理解客户的疑虑，并表现出服务顾问对客户的关心。服务顾问千万不能带着辩解的语气质问客户，要积极倾听客户的回答，因为客户的疑虑或许并不是服务顾问认为的那样。在这一步，服务顾问可以使用与产品展示阶段类似的一些开放式问题，例如"请问，能否告诉我您为什么会这么觉得？""您所说的是指……""能否解释一下……"。利用这些提问可更有效地确定客户这些疑虑的根源所在。

（2）复述　复述是指服务顾问完全理解客户的担心之后重复客户的疑虑。这样做可使客户重新评估他们的担忧，进行修改或确认。复述客户疑虑的一大好处是可以换一种更有利于回应的表述方法，有利于解决原本可能会阻碍成交的一些疑虑。复述时，服务顾问应使用与在积极倾听时相同的语句进行确认。例如"我听您的意思是……""如果我没有理解错，就是说……"。

（3）解决　执行上述两个步骤能为服务顾问赢得时间和所需信息，从而能更好地解决客户的异议。服务顾问应运用所掌握的品牌知识和产品知识并结合客户的购买动机和竞争对手的情况来组织自己的回答，为客户提供解答。回复客户前，服务顾问最好先对客户疑虑中所表达的观点表示认同，例如"感谢您对……的关注""我理解您为什么会对……有所顾虑……"。通过对客户观点的赞同，客户会觉得服务顾问是站在他们一边的，这让服务顾问接下来所说的话都具有更高的认可度。为了消除客户的顾虑，可以用这样的话语来收尾："我理解您的感受，我们不妨来比较一下原厂配件和副厂配件，您可以看到我们的原厂配件和他们相比是占优势的"。

◆ **做一做**　结合对CPR法则的理解，编制命题对应的话术：你们店的到货时间太长了；维修价格太高了；你们的服务态度太差了；你们套餐项目没有什么实惠？

2. 忽视法

忽视法一般用于无关紧要的异议，即客户并非真的要解决问题。

> **话术示范**：客户提出"这辆车这里有一点点生锈"，此时服务顾问只需微笑表示同意即可。

3. 衡量法（富兰克林法）

衡量法一般用于对价格的异议。

> **话术示范**："我们汽车维修服务企业的维修工时费和配件费虽然比其他修理店贵，但是我们能保证是正厂配件，而且维修技师是正规培训并持证上岗的，所以，更能保障您爱车的维修质量。"

4. 缓冲法

缓冲法一般用于对服务、维修进度等方面的异议，可对客户观点进行延伸和补充。

> **话术示范**："您刚才说的情况的确存在……但如果换个角度来看……"

5. 补偿法

补偿法是指服务顾问利用客户异议以外的该产品的其他优点对异议涉及的缺点进行补偿或抵消的一种话术方法。

> **话术示范：**
> 客户说："全合成机油确实不错，但是价格太贵了。"
> 服务顾问答："全合成机油的价格的确有些高，但它相比普通机油对发动机的保护更到位，那么发动机大修的周期就可以大大延长，发动机良好工况的时间也会比较长，也许您开 10 年都不会有大修，这个节约的费用，就不是普通机油和全合成机油的差价能比了。何况使用了全合成机油后，汽车维护的周期也会相应延长，维护费用就降低了。"

6. 中途换人法

中途换人法一般用于客户异议升级，且该异议已经超越了服务顾问的工作权限或已经无力解决此问题。具体方法如下：

1）调度其他人员来配合处理。
2）改由其他服务顾问来应对。
3）由相关部门的主管来处理。

【任务实施】

以学习小组为单位，根据异议处理学习内容，制订详细的客户异议处理工作计划，每组分别选出两名学生作为服务顾问和客户，通过角色扮演，结合课程内容对异议处理环节进行情景模拟演练。通过异议处理演练，让学生了解客户异议处理的步骤和方法。

【评价反馈】

一、学习效果评价

1. 客户有异议表明客户满意度等级比较低，行为特征表现为（   ），严重的会出现投诉、丑化宣传等。
   A. 抱怨　　　　　　B. 气愤　　　　　　C. 遗憾　　　　　　D. 烦恼

2. 客户认为配件费用过高或不符而提出异议，是属于（   ）类型的异议。
   A. 价格异议　　　　B. 维修进度异议　　C. 服务异议　　　　D. 需求异议

3. 客户说："这辆车的颜色显得有点太张扬。"此时服务顾问只需微笑表示同意即可。这种方法是（   ）。
   A. 忽视法　　　　　B. 衡量法　　　　　C. 缓冲法　　　　　D. 补偿法

4. 服务顾问说："原厂的配件的确比副厂的价格要贵，但是它的质量是可靠的，也比副厂的要耐用，按照原厂配件使用 1 年来计算，日均费用是 2 元，但是副厂配件的使用期限只有 8 个月，日均费用是 2.5 元，从这个角度看，还是原厂配件划算。"此服务顾问使用的客户异议处理方法是（   ）。
   A. 忽视法　　　　　B. 衡量法　　　　　C. 缓冲法　　　　　D. 补偿法

汽车维修接待实务

二、学习过程评价

结合异议处理学习任务，各小组选派 1 名代表展示制订的客户异议处理工作计划，其他小组的成员对该组的汇报要点、分工合作等进行点评。

教师组织各组选派代表情景模拟客户异议处理的工作流程，并根据演练情况和客户异议处理的相关内容对各组进行评价。

本任务的学习评价表见表 6-7。

表 6-7　客户异议处理工作评价表

服务顾问姓名：		班级：			
序号	评价项目	分数/分	任务评价		
			学生自评	小组互评	教师评价
1	明确工作任务，理解任务在企业中的重要程度	10			
2	能够制订合理的异议处理工作计划	10			
3	熟悉客户异议产生的原因	10			
4	能够运用客户异议处理的方法及其步骤解决客户提出的异议	20			
合计		50			
综合评价（评语）					
礼仪规范					
沟通技巧					
流程操作					
评价等级			☆　☆　☆　☆　☆		

学习情境 7　回访与关怀

回访与关怀环节是维修服务工作完成后，做好客户关系维护的重要手段。汽车维修服务企业及时对客户回访、有效进行客户关怀、积极处理好客户在回访时提出的问题，是获取客户对企业的信息反馈、不断改进企业工作、提升客户忠诚度的重要方式。

情境目标		1. 熟悉并掌握客服专员拨打回访电话的详细流程 2. 熟悉获取客户反馈信息的方法，并协助客户尽快解决 3. 熟悉并掌握回访电话的话术 4. 熟悉并掌握抱怨处理的流程 5. 熟悉并掌握投诉的处理流程 6. 锻炼自主学习分析能力、自我展示能力，培养团队合作精神与职业道德素养
情境概述		对维修客户进行回访与关怀是企业服务闭环的重要环节，通过跟踪回访可以了解、确认客户售后服务体验，减少客户投诉，查找汽车维修服务企业自身不足，高效解决客户的不满，培养客户忠诚度，提升客户预约的比例，推广服务营销
情境任务		任务1　回访客户 任务2　关怀客户 任务3　抱怨处理 任务4　投诉处理
情境准备	人员准备	基本知识：1. 汽车维修服务企业运营管理系统操作知识　2. 汽车基础知识　3. 执行流程的标准话术　4. 电话礼仪
		基础技能：1. 具有服务热情和礼仪　2. 良好的电话沟通技巧　3. 使用项目-功能-好处（F.A.B）技巧　4. 倾听技巧　5. 抗拒处理的说明-复述-解决（C.P.R）技巧
	工具准备	1. 客户维修档案 2. 汽车维修服务企业运营管理系统 3. 维修过程中的所有单据 4. 回访单，抱怨单/投诉单 5. 耳机，带录音功能的电话 6. 联网的台式计算机，智能手机（内置汽车维修服务企业运营管理系统）

汽车维修接待实务

任务1 回访客户

【任务目标】

能对车辆维修客户进行回访。

【任务导入】

在日常生活或工作中,电话是人们使用最多的通讯工具,如果能正确地使用电话进行回访,正确地向客户传达信息,则既能完成自己的任务,又能够使客户感受到善意,因此,必须掌握电话回访的技巧。

【任务分析】

回访的目的是让客户体验到"客户至上"的企业服务理念与品牌形象。回访也是衡量客户对汽车维修服务企业的服务是否满意的一个重要环节。回访客户还可以确保及时与客户联系,当发现问题后,能够及时地处理和解决,使客户解决后顾之忧,更信赖本企业的品牌。

【相关教学知识】

汽车维修客户回访是汽车维修服务流程的最后一个环节,是汽车维修服务企业与客户接触沟通和交流的重要环节。回访一般通过电话的方式进行。在较大的汽车维修服务企业里,由专职的回访专员负责回访工作,在一些较小的汽车维修服务企业,可由服务顾问负责回访工作。回访客户是汽车销售商业活动中最有效的促销手段之一,是服务质量承诺的有机组成部分。

一、进行回访的原因

完成交车作业、送客户离店并不代表服务的结束,这是因为:

1)汽车维护服务属于频次消费,一次维护的结束并不代表服务的终止。回访专员通过回访,可以请客户评价企业的服务情况、表达企业对车主的关心,从而加深客户对企业的印象,增进与客户之间的关系,完成企业的闭环服务作业。

2)企业可以通过回访,及时发现服务过程中存在的不足,及时与客户沟通,消除客户不满意之处,消除分歧,避免客户将其不满传播或不再光顾,提升客户对企业服务的满意度,提升汽车维修服务企业的效率和品牌形象。

3)企业通过回访,能解答客户在车辆使用过程中的疑难问题,从而使企业的服务具有主动性,有利于企业培养稳定的忠诚客户群。

4)企业通过回访,可以发现新的服务机会,进行新的服务预约,增加来店维修、维护的车次,增加企业收益。

二、服务顾问在客户回访环节的主要职责

1)根据回访专员的回访情况,对存在维修质量问题的车辆安排返工作业。

2)对需要预约的客户安排预约作业。

3）对存在遗留问题的客户、曾经出现过抱怨情绪的客户，在约定的时间内进行回访，了解客户车辆使用情况，解释客户疑问。

4）根据客户投诉处理单，处理服务顾问权限范围内的投诉事件。

三、回访服务工作流程

客户回访的作业流程图如图7-1所示。

交车回访

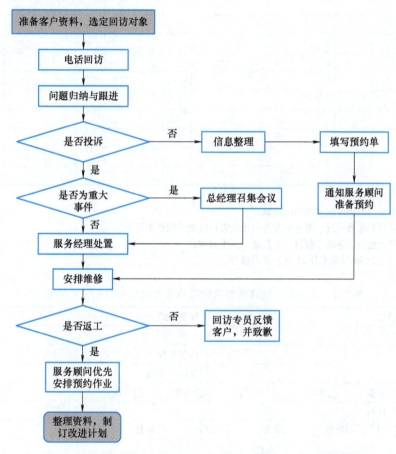

图7-1 客户回访的作业流程

1. 准备客户资料，选定回访对象

1）服务顾问整理手中的客户资料，估算维护周期以及易损件、定期更换件的到期时间，然后将客户资料交给专职的回访专员，回访专员对每位服务顾问交予的客户资料进行整理、汇总。

2）回访专员在每天回访前要整理好客户资料，将客户资料按照离店时间依次排列。需要准备的资料包括：环车检查单、维修委托书（工单）、结算单、回访记录表（表7-1）和客户抱怨（投诉）处理单（表7-2），还需要一部附耳机的带录音功能的电话，一台联网的台式计算机，一部智能手机（内置汽车维修服务企业运营管理系统），以方便记录。

3）回访专员要筛选和确定回访对象。对重点客户、事故客户、大修客户及有投诉记录的客户由服务顾问进行100%回访，其他客户由回访专员按30%的比例进行回访。

汽车维修接待实务

表 7-1　××汽车维修服务有限公司维修后用户回访记录表

客户管理员：　　　　　　　　　　　　　　　回访日期：

序号	回访日期	客户姓名	车牌号	手机	维修日期	维修项目	回访不成功原因（无人接听/无法接通/关机/停机/号码错误/客户拒绝/其他）	满意度确认（满意画"√"不满意画"×"）				车辆使用方面提醒		客户反馈问题	备注
								服务质量	维修质量	维修时间	站内环境	下次维护里程	24小时服务热线		
1															
2															
3															
4															
5															
6															
7															
8															
9															
10															

注：1. 填写内容必须准确。
　　2. 回访不成功原因应按照所列内容填写。
　　3. 客户描述的维修状况、服务情况等应该在客户反馈问题栏中写明。
　　4. 站内环境包括：车间、前台、休息室、卫生间等。
　　5. 每月（上月26日至本月25日）进行统计。

表 7-2　××汽车维修服务有限公司客户抱怨（投诉）处理单

抱怨（投诉人）姓名		联系方式	
车牌号码		车型	
购买日期		行驶里程	
车架号码		发动机号码	
客户抱怨（投诉）来源	□客户　　□RSSC　　□CRM　　□其他		
客户抱怨（投诉）日期			
客户抱怨（投诉）问题：□质量　　□服务　　□配件　　□销售　　□其他			

调查结果：

　　　　　　　　　　　　　　　　　　　　调查人：　　　　　　日期：

处理结果：

　　　　　　　　　　　　　　　　　　　　处理人：　　　　　　日期：

电话回访结果：□非常满意　　□满意　　□一般　　□不满意　　□很不满意
不满意问题：

抱怨（投诉）原因分析：

改进措施：

对被投诉者的意见：

2. 电话回访

回访专员应严格按照电话礼仪的要求，正确问候及称呼对方，询问对方是否有时间接受回访，并告知回访所需的大致时间；然后说明本次回访的目的，在客户表明愿意进行交流的情况下，继续讲述本次回访的内容；最后邀请客户再次来店，并预约好时间。电话回访时语言表达要清楚明了。主要回访任务有：

（1）投诉事件处置　回访专员如果遇到客户投诉，首先要真诚地道歉，然后认真地将客户的投诉内容如实记录到投诉处理单上，告知客户会立即联系相关人员处理。

1）将客户投诉处理单登记编号后，当天提交服务经理或总经理。

2）重大事件第一时间通知总经理，由总经理召集会议，并由服务经理会同客户管理部门协作处置。重大事件通常包括：

① 涉及金额较大的投诉事件。

② 可能导致媒体报道或产生较大负面影响的事件。

3）一般投诉由服务经理完成客户投诉处理单后，第二天交给回访专员；对需要返工维修的车辆，由回访专员通知服务顾问与客户联系，并填写返工通知单（表7-3），由服务顾问与客户进行优先预约，安排返工。

表7-3　返工通知单

编号：_____

时间：	原委托书编号：
质检员：	原维修班组：
车牌号码：	现维修班组：
返工原因说明	
返工安排	
处理结果	
车间经理或调度员签名：_____	技术总监签名：_____
服务经理签名：_____	总经理/站长签名：_____

4）回访专员在处置投诉事件后 3 天内进行回访，并记录回访内容，需要上传厂家的，整理后上传厂家。

（2）一般回访

1）预约回访专员将客户的预约信息进行记录，并填写预约单，同时通知服务顾问接单。

2）回访专员整理并修订客户资料后，联系不上客户或资料发生变更的要及时告知服务顾问。

（3）满意度调查

1）回访专员请客户对企业的服务进行评价，包括整体服务情况、维修维护情况、服务顾问的服务水平、客户休息区服务、维修价格等问题，并注意做好记录。

2）了解车辆使用情况，解答客户疑问，并善意引导客户。对不能解答的问题，要做好记录，并与客户约定反馈时间。

3. 问题归纳和跟进

（1）进行主动邀约

1）回访专员根据客户档案，对近期内需要维护车辆的车主进行服务提醒，邀约客户来店进行维护。

2）如果企业近期内有促销活动，回访专员可以根据客户档案对符合参加促销活动条件的车主进行主动邀约。

（2）关爱问候　回访专员根据客户档案，在节假日或对客户很重要的日期（如生日、结婚纪念日等），对客户进行关爱问候，体现公司对客户的重视和关爱。

4. 整理资料，制订改进计划

1）回访专员应根据回访情况，整理回访汇总表、客户投诉处理单和返工汇总表（表7-4），每周将分析结果发给服务经理和相关人员，并按月装订，保存 2 年。

2）服务经理对每月的回访情况进行通报，并采用相应的绩效管理机制。

3）各环节人员针对问题制订整改计划。

4）进行监督，持续改进。

5）对制订的改进计划进行跟踪，并了解改进后的情况，制订持续的改善计划。

表7-4　返工汇总表

技术总监：_____　　期间：_____

日期	工作订单号	服务顾问	修理工	内返或外返/不合格现象	不合格类型				措施	完成日期
					清洁	维修质量	工作未做	其他故障		

5. 定时提醒

1）回访专员根据服务顾问整理的客户资料，主动提醒客户进行定期维护。若有联系不上客户的情况，应及时告知服务顾问。

2）回访专员将客户的预约信息进行记录，并通知服务顾问准备预约服务。

四、服务顾问回访

1. 需要服务顾问跟踪回访的客户

跟踪回访是企业服务闭环中的重要组成部分，因此很多企业专门设有回访专员专门进行此项工作。但是，有些类型的客户由服务顾问进行回访更能获得预期的效果。

（1）对未查出故障的客户进行跟踪回访 某些客户反映的故障不常见，有时维修服务企业会更换部分部件进行试验，由客户继续使用车辆进行观察，在此过程中需要服务顾问按与客户约定的观察周期定期和客户联系，确认故障是否重现。

（2）对大修车辆主动跟踪回访 对进行了大事故维修、总成大修的车辆，定期与客户进行联系问候，询问车辆使用情况，解答客户疑问，提醒客户定期回厂检查或维护。

（3）对经历过服务失误的客户进行跟踪回访 服务顾问要和维修服务过程中经历过服务失误的客户及时进行沟通，努力消除客户的不满情绪，避免客户将不满意传播或不再光顾。

2. 服务顾问跟踪回访流程

服务顾问回访的工作流程如图 7-2 所示。

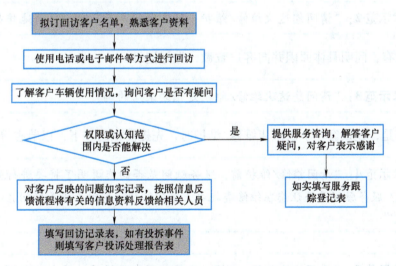

图 7-2 服务顾问回访的工作流程

五、回访的技巧

1）最好在维修一周之内打电话询问客户是否对服务满意。

2）打电话时，为避免客户觉得他的车辆有故障，建议使用标准语言，发音要自然、友善。

① 要懂得基本维修常识，善于沟通，并注意语言技巧。讲话语速不要太快，一方面给没有准备的客户时间回忆细节，另一方面避免客户觉得你很着急。

② 不要打断客户讲话，记下客户的评语（批评或表扬）。

③ 打电话时间要回避客户休息时间、会议高峰及活动高峰期，可在上午 9:00~11:00 或下午 16:00~18:30 进行回访。

3）如果客户有抱怨，不要找借口搪塞，要如实记录客户投诉内容，并告知客户反馈时间。

4）处理投诉意见和客户疑问时，不作职权外的承诺或答应客户职权外的条件。

5）如果与客户约定了回访时间，服务顾问要严格遵守约定时间，否则回访效果将适得其反。

6）如果服务顾问由于其他原因不能进行回访，需将客户信息告知客服人员。回访的客服人员需要了解事情经过，向客户致歉并积极缓解客户情绪，让客户感觉到企业对他的重视。

六、回访话术设计

> **话术示范 1**："您好，我是××店客户服务代表×××，请问您是×××车主吗？今天来电主要是想对您前天来我店进行的维修（维护）过程进行一个客户满意度的调查回访，请问您现在方便吗？"

注：若不是本人送修，询问送修人联系方式。

> **话术示范 2**："请问您这次维修/维护，服务顾问是否及时、热情地接待您？"

注：若没有，问明具体原因并向客户致歉，做好记录。

> **话术示范 3**："请问您这次维修/维护是预约来店的吗？"

注：若不是，建议客户下次来店维修/维护时，先提前预约一下，以节省等待时间。

> **话术示范 4**："请问维修/维护前，服务顾问是否向您说明了将要进行的项目及费用估算说明？服务顾问是否让您在维修委托书上签字？请问您对于服务顾问接待的整体满意程度如何？"

> **话术示范 5**："请问这次维修/维护，我店是否在承诺的时间内交车？"

注：若没有，请客户叙述当时的具体情况。

> **话术示范 6**："请问这次维修/维护是一次就完成了吗？（若没有，询问具体原因，致歉并做好记录；若有追加项目，询问客户是否在第一时间被告知）请问对于这次维修/维护的质量，您的满意程度如何？"

学习情境7 回访与关怀

> 📌 **话术示范7:** "请问服务顾问是否提醒您下次维护的时间?"

> 📌 **话术示范8:** "请问您对在我店维修/维护的总体满意度如何?最后我们想了解一下,假设您有多种选择,根据您此次在本店的经历,您的下一次维修/维护还会在本店进行吗?假设您的亲戚朋友想买车,根据您此次在本店的经历,您会推荐本店给您的亲戚朋友吗?"

> 📌 **话术示范9:** "非常感谢您对我们公司的支持,以后如果您有什么问题,欢迎您随时和我们联系。"

🔧【任务实施】

以学习小组为单位,根据回访客户的内容制订详细的回访计划,并分别选出两名学生作为服务顾问和客户,进行回访客户情景模拟。通过回访工作的情景演练,使学生了解回访的工作流程。

💬【评价反馈】

一、学习效果评价

1. 阐述客户回访工作流程。

2. 客户回访的最佳时间为(　　　)。
   A. 上午 9:00~11:00
   B. 下午 14:30~16:30
   C. 晚上 19:30~21:00
   D. 客户约定时间

二、学习过程评价

结合学习任务,各小组选派1名代表通过图片、PPT介绍展示本组客户回访的工作计划,其他小组的成员对该组的汇报要点、分工合作等进行点评。

教师组织各组选派代表情景模拟客户回访的工作流程,并根据流程演练情况和客户回访的相关内容进行评价。

本任务的学习评价表见表7-5。

汽车维修接待实务

表7-5 回访客户评价表

服务顾问姓名：		班级：			
序号	评 价 项 目	分数/分	任 务 评 价		
			学生自评	小组互评	教师评价
1	在约定的时间内，对客户进行回访	5			
2	根据客户上次同意的时间段及方式跟踪回访	5			
3	跟踪回访时，服务顾问应首先自报店名和姓名	5			
4	回访结束前询问顾客对这次维修服务是否感到满意，询问顾客对该店售后服务的意见和建议	5			
5	对客户配合回访表示感谢	5			
6	服务顾问语音、语速适中，语言表达清晰	5			
7	在回访过程中，熟练使用倾听、提问的技巧，并能灵活运用FAB/CPR法则等应对技巧	10			
	合计	40			
综合评价（评语）					
	礼仪规范				
	沟通技巧				
	流程操作				
	评价等级		☆ ☆ ☆ ☆ ☆		

任务2 关怀客户

【任务目标】

1. 掌握开展客户关怀活动的价值和意义。
2. 了解客户关怀的方法。

【任务导入】

汽车维修服务企业对客户的关怀主要是在特定的节日里，通过短信、电子邮件、邮寄信件或个人上门回访等方式表示对客户的关心。在日常工作生活中，关怀是拉近与陌生人之间距离的一种方式，而对于汽车维修服务企业而言，关怀是维系客户关系的一种重要方法。

【任务分析】

车辆经过半年到一年的使用后，客户购车的新鲜感逐渐消失，车辆成为客户日常生活中的一部分，维修、维护让客户开始更加关注汽车维修服务企业服务的性价比，在常规服务内容和价格很难调整的情况下，汽车维修服务企业尤其需要关注客户关系的维护，努力提高客户的忠诚度，减少客户流失率。除了用标准的服务流程向客户展现专业、规范的服务能力

学习情境 7　回访与关怀

外,也需要一些柔性的关怀,让客户感知到汽车维修服务企业在用心地为客户考虑,这种柔性的关怀方式就是客户关怀活动。如何在一些特殊日子或节日送上一份暖心礼物来关怀客户呢?

【相关教学知识】

一、客户关怀的概述

汽车维修服务企业的客户关怀活动,一般围绕客户的车辆或者其自身策划的活动开展,或是迎合客户车辆不同阶段的养护重点,例如车辆维护和检查的优惠、重点零配件的优惠促销等;或是满足不同客户群的差异化需求,例如客户联谊活动、特定车友群体的讲座、趣味竞赛等。通过这些活动的开展,可以有效增强客户对汽车维修服务企业服务的满意度和忠诚度。

二、客户关怀的作用

客户关系的 3 个层次,首先是交易关系,在这一层次,应给客户一定的优惠,以较低的费用争取客户;然后是情感关系,这一层次强调汽车维修服务企业对客户个人感受的关注,让客户感受到家人般的温暖和贴心的关怀;最后是社会关系,这一层次以车辆和车友为纽带,建立各种车友间互动的平台,用更广阔的社会圈子维护客户的忠诚度。客户关怀活动主要也是从这 3 个方面来维护客户关系。汽车维修服务企业开展的客户关怀活动主要有以下几个方面的作用:

1)让客户切实感觉到汽车维修服务企业在用心地为自己提供关怀,从而增强客户对汽车维修服务企业的满意和信任,而这种满意和信任可以为汽车维修服务企业创造更多、更长久的客户价值。

2)群体性的客户关怀活动可以通过建立车主之间交流的平台,形成以汽车维修服务企业为纽带的客户群体,这对于提高客户的归属感、维系客户的忠诚度有很大帮助。

3)给客户车辆维护提供更多优惠,消除一些客户对汽车维修服务企业费用较高的抱怨,这样能适当提高进厂辆次和服务营运收入,有利于培养客户消费惯性,减少客户流失。

4)客户关怀活动可以邀请客户的朋友参加,让潜在客户提前感知到汽车维修服务企业良好的服务,这对于促成潜在客户的成交也是有帮助的。

5)以主动性、外向性的客户关怀活动来调动服务类员工的积极性,提升员工的工作热情,提升汽车维修服务企业在业内的服务品牌形象和口碑。

三、关怀客户的体现

1)对硬件设施的配备。
2)员工素质的标准要求(选用、培训、考核、激励等)。
3)公开必要信息,消除疑虑和不信任。
4)机构与流程的专业化。
5)客户投诉的处理。

四、差异化的客户关怀活动

客户关怀活动要针对某一个特定客户群体来策划,只有真正满足他们的需要,客户才会有热情参加。

对于汽车客户而言,最主要的差异化主要从两个方面区分:车辆和客户。随着一年四季的变迁,因天气冷暖的变化,车辆维护的重点有所不同;不同行驶里程的车辆,维护的重点也有不同。客户群体的差异更多,不同车型的客户群体的生活休闲方式不同;不同性别、不同年龄段的客户群体感兴趣的事物也会有所区别。客户关怀活动策划人员必须清楚地了解客户车辆和客户本身属性的不同。

在对车辆和客户的特点进行分析前,首先要对客户资料进行全面收集和仔细分类,针对客户的特点和爱好来策划小群体的客户关怀活动,赢得客户的欢迎。

总之,只有针对特定客户群策划开展的差异化的客户关怀活动才能吸引客户的参与热情,车辆和客户属性是两个重要的分析维度。

1. 客户关怀活动的分类

客户关怀活动主要分为四大类:围绕车辆养护开展的活动、围绕客户特点开展的活动、围绕节假日开展的活动、日常持续进行的关怀(表7-6)。

表7-6 客户关怀分类

关 注 点	常见活动内容
围绕车辆维护	1)根据不同季节变换,针对车辆特殊维护需求的活动 2)针对重点部件的优惠维护活动
围绕客户特点	1)针对不同客户属性而策划的活动,如客户车型、性别、年龄段、兴趣爱好等 2)根据客户相关群体的特点,策划不同的活动,如车友群、客户家庭等
围绕节假日	在特殊节日到来的时候可以组织一些相应的客户活动
日常持续性关怀	1)通过如短信、贺卡、礼物等表达礼节性的问候 2)新产品上市或者正在开展的服务活动等的提醒通知 3)临时性事件的温馨提示

2. 围绕车辆维护开展的客户关怀活动

在不同的环境下,车辆需要进行特别的维护。例如,春夏之交需要更多关注空调系统的使用,冬季需要更多关注冷却系统;北方区域,冬天大雪天气需要关注轮胎防滑;南方区域,雨季更多关注车辆防锈处理等,汽车维修服务企业可以根据这些适时地推出相应的客户关怀活动。活动一般以免费检测为主,同时提供相应关键部件的优惠维护。

除了季节变化的车辆维护外,还可以结合汽车维修服务企业经营的维护精品,针对车辆重点部件开展优惠的养护和改装活动,例如发动机、前照灯、音响等系统的维护和升级。

(1)根据季节变化的车辆维护活动 随着季节的变化,车辆的使用环境会发生相应的变化,为了车辆更好地适应新季节的使用,汽车维修服务企业往往在新季节开始的时候开展一些预防性检查和维护活动(图7-3)。

学习情境7 回访与关怀

冬季下雨天气，汽车防潮很重要 夏季汽车暴晒危害多

图7-3 针对季节对车辆维护需求进行的客户关怀活动

根据季节变化的车辆维护活动见表7-7。

表7-7 根据季节变化的车辆维护活动

季节	用车特点	活动主题
春季	1）天气逐渐转暖，万物复苏，客户期望车辆整体焕发新鲜活力 2）雨水较多，需注意安全行驶和防锈	1）对车辆进行全面的检查，包括检查制动、转向、灯光等 2）重点做好车辆刮水器、轮胎等部件的维护，还可辅以赠送或优惠销售，也可以做底盘封塑防锈处理
夏季	1）春夏之交，天气渐暖，空调系统开始逐渐使用 2）天气变热的时候，在高温下，车辆内部很快就会变得酷热	1）对空调管路和空气滤清器的整体检测、清洁、补充冷媒等，保证入夏后空调的良好使用 2）赠送或者优惠销售一些夏季降温的汽车精品，如遮阳挡、冷席、车载小冰箱、车内快速降温喷剂等
秋季	秋高气爽时，很多客户会选择自驾出游	1）在长途自驾游前，最好对车辆进行安全、系统的全面检测，尤其是制动、轮胎、转向、灯光等核心安全件，以保证自驾出游的安全 2）辅助提供一些与安全出行相关的优惠服务，如优惠换制动蹄片、换轮胎、购买GPS导航，免费给轮胎充氮气等
冬季	天气转冷，北方地区会有大雪，车辆的保暖和雨雪天出行需要重点关注	1）暖风系统启用前要经过除尘清洁，以保证驾驶室健康的暖空气 2）防冻液需要检查补充，可以提供防冻液的优惠升级 3）适合做发动机的深化维护，如燃油系统和润滑系统的深度维护都会格外受欢迎 4）一些冬季行车的汽车精品，如除雪铲、防滑链、除雾剂等，可以赠送或者以优惠的价格提供给客户

季节性客户关怀活动要围绕主题，尽量丰富化。最常见的活动形式有以下几种：

1）以专项主题检测为主，扩大免费检测范围，覆盖到全车主要部件的检测。

2）在现场维修期间，工时和备件价格优惠可普遍开展。

3）部分项目的优惠活动，如优惠提供四轮定位、优惠更换轮胎、GPS导航折扣等，可以很好地拉动消费，提高服务产值。

4）免费提供给客户各种小服务或者小礼物，会让整个活动感觉很饱满。例如，免费洗车或者免费给车身打蜡美容1次；赠送香水、防滑垫等小礼品；免费添加风窗玻璃清洗液、

防冻液；开展进场的客户抽奖活动等。

5）发放维护代金券，可以是限时消费的，这样能更好地提高客户进店的积极性。

（2）重点部件的优惠维护和改装活动　季节性的车辆维护活动时间性很强，汽车维修服务企业还可以随时开展一些针对重点零部件的优惠维护和改装活动。

常见优惠维护和改装活动见表7-8。

表7-8　常见优惠维护和改装活动

类　型	活　动　方　式
重点部件优惠维护活动	1）为行驶20000～100000km车辆提供发动机系统深化维护，包括润滑系统、燃油系统清洁和维护，以及发动机舱清洁等 2）为行驶40000km以上车辆提供四轮定位、轮胎充氮气维护服务等 3）空调系统清洁、除臭、管路检修、添加冷媒等 4）冷却液更换
重点部件升级和改装活动	1）音响系统加导航 2）增加定速巡航 3）增加车身防盗 4）增加智能升窗

3. 围绕客户特点开展的客户关怀活动

随着车辆成为人们日常生活的一部分，车主也会以此为纽带，形成不同的生活圈子。对于汽车维修服务企业，除了开展对车辆本身的维护外，还需要开展适应于客户群体生活方式的客户关怀活动。

用性别、年龄、车型、爱好等不同的特点作为维度可以将客户划分为很多不同的群体，例如男性车主和女性车主的群体、高端车型和中低端车型的客户群体、年轻客户和中老年客户群体等。这些不同的维度区别了不同特点的客户群，同一个群体里的客户往往有着相同或者接近的兴趣爱好和关注点，汽车维修服务企业可以据此策划开展有针对性的客户关怀。

（1）按照车主性别划分　按照性别可以把车主划分为男性和女性两大类，尽管个体上存在差异，但在车辆使用和生活方式上，男性车主和女性车主存在很多明显的群体区别。

按性别分类的客户关系维护概要见表7-9。

表7-9　按性别分类的客户关系维护概要

性别	活动主题	活动形式
男性	1）车辆新功能使用介绍 2）车辆维护知识介绍 3）趣味驾驶比赛 4）节油比赛 5）自驾游	1）以爱车讲堂的活动形式讲解车辆的功能、维护、使用等知识 2）举办以节油比赛和车辆使用技巧讲解相结合的车主活动 3）在天气适宜的时候或者节假日开展中短途的自驾游活动 4）举办场地趣味驾驶比赛，给车主们展示驾驶技术的舞台
女性	1）女性美容、瘦身知识讲座 2）家庭生活趣味赛 3）亲子活动 4）精品优惠折扣活动	1）在"三八"妇女节、母亲节等特定节日专门面向女性车主开展感恩回馈活动 2）邀请专业美容机构讲师示范讲解 3）举办以家庭为单位的客户联谊活动，既让客户放松身心、结交朋友，还能获得礼品

（2）按照车主年龄划分　按照客户年龄跨度，一般可以分为青年、中年、中老年几个阶段。

按年龄分类的客户关系维护概要见表7-10。

表7-10　按年龄分类的客户关系维护概要

年龄	活动主题	活动形式
青年	1）自驾游 2）节日车友聚会 3）足球、篮球、滑雪等竞技运动	1）各种形式的自驾游是结识朋友、放松心情的好方式 2）在节日组织车友聚餐、聚会，穿插节目表演、抽奖等环节，能够很好地融洽与客户的关系 3）运动量大而且较刺激的运动，如足球、篮球、滑雪等很受青年车主欢迎
中年	1）家庭运动会 2）投资理财知识讲座 3）乒乓球、羽毛球等比赛 4）中短途自驾	1）以家庭为单位的竞技娱乐活动可以在轻松的氛围中增加家庭成员的亲密关系 2）请金融理财的专家给客户讲解专业的投资理财知识，也可以进一步融洽客户与金融机构的关系 3）羽毛球、乒乓球等中等运动量的比赛可以吸引不少关注身体健康的中年客户参与 4）在客户所在城市附近，300km 以内，最好当日能返回的自驾游活动很适合繁忙的中年客户群
中老年	1）书法、桥牌、摄影等比赛 2）养生知识讲座	1）棋牌类容易裁判的比赛，可以由汽车维修服务企业自行组织 2）书法、摄影等需要专业水平裁判的比赛，最好请专家参与，并结合春节客户联欢、大型车友活动等同步开展 3）请养生保健的专家给客户开展讲座，会吸引一些中老年客户参与

（3）根据车型划分　根据车辆的价格，车型可以简单地划分为高端车型、中端车型、中低端车型3种。中端车型和中低端车型客户参与汽车维修服务企业各种活动的热情较高，只要让客户感到价格优惠、精神放松，或者可以更好地进行维护车辆的活动，客户的参与热情都比较高；高端车型的客户时间往往很紧张，除非有针对性地满足这个群体的需要，否则客户参与度很低。

按车型分类的客户关系维护概要见表7-11。

表7-11　按车型分类的客户关系维护概要

车型	活动主题	活动内容
高端车型	1）奢华商品品鉴会 2）高尔夫训练和比赛 3）高端客户会员特殊服务	1）和一些珠宝、钟表、化妆品等奢侈品品牌商合作，邀请业内专家、娱乐圈名人等共同参与商品推介、知识介绍、歌舞表演等，实现汽车和奢侈品牌的共赢 2）组织高尔夫、滑翔等高端新颖的运动，可以让客户尝试或者比赛，满足客户作为高端客户群体的自豪感，同时提供客户群体互相认识的机会 3）以会员的形式吸纳高端客户入会，提供异地救援、上门取送车和一对一服务顾问等个性化服务

(续)

车型	活动主题	活动内容
中端车型	1）车辆使用和养护知识介绍 2）理财、养生知识讲座 3）滑雪、攀岩等时尚运动 4）重点客户座谈会	1）就中端车型优秀的功能配置以及车辆维护过程的一些知识，请专业技术人员举办讲座，提高客户对自身车辆的认识和动手维护能力 2）请专业机构的人员讲解理财、养生等方面的知识，或者组织客户尝试滑雪、攀岩、沙滩卡丁车等比较时尚的运动，满足客户对高品质生活的追求和体验 3）当厂家举行一些大型的活动（如服务年会、服务技能大赛、区域核心客户交流会等）时，邀请部分客户作为代表参加，充分表示对他们的尊重
中低端车型	1）免费检测活动 2）优惠维护、配件更换或购买等让利活动 3）自驾游 4）节油大赛和节油使用技巧	1）客户对价格比较敏感，如四季的免费检测、出行前免费安全系统检查、优惠的维护套餐和备件升级、免费赠送一些礼品等让利活动都会得到客户的欢迎 2）降低车辆使用成本也是客户特别关注的话题，组织一些节油大赛，或者请有经验的技师讲解如何更好地节油及节约维护费用，客户都会很乐意参与 3）车辆的代步作用很明显，客户群希望更多地体验有车生活带来的便利，各种中短途的自驾游既能让他们感受郊游的快乐，也能让他们结识各种朋友

（4）按照车主爱好划分　每个人都有自己的兴趣爱好或者特长，而且不同的兴趣构成了不同的生活圈子。汽车维修服务企业在节假日组织一些符合客户兴趣爱好的活动，对于客户而言，这既是放松休闲，也是结识朋友、展示自己的机会，会得到很多客户的响应。

（5）按照车主家庭组成划分　汽车维修服务企业的很多客户活动往往安排在周末，如果这种活动能够把客户的家庭成员尽可能多地调动起来，让更多的家庭成员参与进来，对客户而言也是增进家庭成员关系的好方式，汽车维修服务企业也会得到很多客户的支持。这样以家庭组成来区分的客户活动一般以某个人群为主题，例如以孩子或者夫妻一方为主题，或者以全家总动员为主题等。

五、其他各种客户关怀活动

1. 适合开展客户关怀活动的节日

一年中传统节日和法定节假日很多，例如元旦、春节、植树节、端午节、劳动节、中秋节、国庆节、重阳节等，还有一些从西方引进但很受欢迎的节日，例如情人节、圣诞节、母亲节、父亲节等。节假日的时候，客户参与活动的热情较高，只要汽车维修服务企业策划的客户关怀活动时间点合适、主题有意义、过程让客户感到轻松愉快，关怀活动就会得到客户的支持，而且满意度会很高。比较适合开展客户关怀活动的各节日的活动主题见表7-12。

表 7-12　各节日的活动主题

节　　日	活 动 主 题
元旦、春节	1）以新春送祝福为主线，开展各种形式的客户联谊会 2）对节前进场的客户赠送大礼包、"福"字等 3）给客户发送祝福短信、寄送贺卡等
妇女节	1）组织以美容、养生为主题的客户联谊活动 2）给进场女性车主赠送鲜花、电影票、化妆品、生活用品等 3）专为女性车主提供汽车精品优惠折扣等
植树节	组织客户郊外自驾，最好是针对有孩子的年轻家庭。在明媚的春光里种下树苗，可以表达对环境的爱护以及孩子和小树一起成长的希望
劳动节	1）小长假，组织到周边风景区、农家乐的短途自驾游 2）组织到孤儿院、希望小学等进行慰问、捐赠活动
母亲节	1）为到店车主提供鲜花、礼品，作为车主送给母亲的节日礼物 2）为车主提供和母亲一起参与的美容、养生等服务，帮助客户完成回报母亲的愿望 3）收集客户对母亲表示感恩的照片、话语等，优秀者给予奖励，作品也可以用来展示；开展亲子活动，增加家庭亲密关系
儿童节	1）围绕亲子互动开展的主题活动，能提高家庭亲密关系 2）围绕孩子成长中的关键问题，如安全防范、自救、锻炼和健康饮食等开展专家培训讲堂 3）带孩子一起慰问较贫困的乡村小学或者孤儿院，培养孩子的爱心，让他们懂得珍惜美好的生活 4）组织能让儿童展示才艺的活动，如绘画、歌唱、乐器表演等
端午节	邀请客户全家一起过端午节，在了解端午节文化的同时，让客户尝试自己动手包粽子。在室内的，可以穿插猜谜语、抽奖、做香包等活动；在室外的，可以加入茶艺、古曲表演等符合中国传统文化的元素，让整个活动更加饱满
父亲节	1）和母亲节活动类似，可以提供一个联谊的舞台，或者提供一些父辈能用到的礼品，帮助车主表达对父亲的爱；也可以开展亲子联谊活动，让车主的孩子讲出对爸爸的热爱，融洽家庭亲子关系 2）举行好男人家务比赛，展示车主既能主外也能主内的好男人形象
暑假	组织针对孩子的夏令营、拓展训练、特色培训、走进农家公益捐助和慰问等有助于孩子成长的活动
教师节	1）给到店接受服务的教师车主送上鲜花、蛋糕等礼物，表达对教师的敬意 2）每逢教师节，中小学生一般都会自己动手制作送给老师的礼物。可以组织车主带孩子一起进店，教会孩子动手制作美观而且有意义的教师节礼物，如压膜的树叶书签、布艺的工艺品、折纸的手工作品等
中秋节	1）对进场客户或者核心客户赠送月饼和贺卡，并表示感谢 2）中秋节万家团聚，可以在节前开展客户联谊活动，包括歌舞文娱表演、抽奖、竞猜、赠送月饼等 3）节前，组织客户献爱心，慰问留守的孤儿，与他们分享中秋文化、中秋月饼，让随行的孩子学会关怀他人和感恩他人
国庆节	1）国庆长假很多客户都会选择出游，汽车维修服务企业可以安排给自驾出行的客户一个免费的安全检查，保障长途旅行的安全，让客户的节假日过得更安心、顺心 2）汽车维修服务企业可以组织就近的自驾游，帮助没有特别安排的客户走进大自然
重阳节	1）组织客户带父母到附近登山自驾游 2）组织客户到附近的敬老院看望孤寡老人，传递爱心
圣诞节	1）举行圣诞节车主联谊会，以热情、火爆、时尚为主旋律，吸引中青年客户广泛参与。场地可以选择在汽车维修服务企业，如果选择在特色酒店、舞厅、酒吧等包场，气氛会更好 2）以滑雪等刺激的活动为主线，开展户外自驾活动 3）给所有进店客户赠送圣诞树、红帽子、魔杖等饱含节日色彩的礼物，把汽车维修服务企业的关爱传送给客户的家人、朋友

183

汽车维修接待实务

2. 日常持续性关怀

所谓日常持续性关怀，是指平日即时开展的客户关怀，往往只是一个提醒、一个问候、一个小礼物等简单的关怀。这种关怀不需要当作系统性活动来策划组织，操作起来也很简单，只要真正有一种以客户为中心的服务精神，时刻想客户所想，就可以制造出无数个让客户感动的瞬间。

除了各种客户关怀活动外，汽车维修服务企业最常开展的日常关怀以问候和提醒的形式为主。常见的日常客户关怀形式见表7-13。

表7-13 常见的日常客户关怀形式

分 类	活动开展形式
节日问候	在春季、端午、中秋、国庆等传统节假日或者长假前，给客户发送祝福短信，或者给客户寄送贺卡
服务活动提示	1）在汽车维修服务企业开展活动前夕，短信通知客户最好能近期进场参加 2）新产品上市时，邀请部分核心的客户作为客户代表发言
个性服务提示	1）当客户的会员卡级别调整时，通知客户 2）当客户车辆即将出保修期或者某些重要部件需要更换时，通知客户 3）当客户车辆需要续保，办理年检时，提示客户
其他临时性提示	1）当遇到大雾、降温、连续降雨等异常天气时，提醒客户注意做好车辆维护 2）汽车维修服务企业临时的人员、场地安排可能会影响到车辆服务时，及时通知客户

只要策划者全身心地为客户着想，对活动的每个环节精雕细琢、精益求精，就能策划出更加有创意、更加有吸引力的客户关怀活动。

【任务实施】

以学习小组为单位，根据关怀客户的工作内容制订详细的关怀客户的工作计划，并按照计划进行情境模拟演练。通过关怀工作的演练，使学生了解关怀客户的相关活动设置，使学生对汽车维修服务企业的客户关怀活动有所了解。

【评价反馈】

一、学习效果评价

1. 客户关怀的作用有哪些？

2. 举例说明汽车售后有哪些客户关怀活动？

二、学习过程评价

结合学习任务，各小组选派1名代表通过图片、PPT介绍展示本组的关怀客户的工作计划，其他小组的成员对该组的汇报要点、分工合作展示进行点评。

教师组织各组选派代表情景模拟关怀客户的工作流程，并根据关怀客户活动演练情况结合关怀客户项目要求进行评价。

本任务的学习评价表见表 7-14。

表 7-14 关怀客户工作评价表

服务顾问姓名：		班级：			
序号	评 价 项 目	分数/分	任 务 评 价		
			学生自评	小组互评	教师评价
1	明确工作任务，理解任务在企业中的重要程度	10			
2	能够制订合理的关怀客户工作计划	10			
3	围绕车辆维护开展客户关怀活动	10			
4	围绕客户特点开展客户关怀活动	10			
5	围绕节假日开展客户关怀活动	10			
6	对客户进行日常持续性的关怀活动	10			
	合计	60			
综合评价（评语）					
	礼仪规范				
	沟通技巧				
	流程操作				
	评价等级		☆ ☆ ☆ ☆ ☆		

任务 3 抱 怨 处 理

【任务目标】

1. 熟悉客户抱怨处理的流程。
2. 熟悉客户抱怨处理的技巧。
3. 能独自处理客户抱怨。

【任务导入】

由于很多客户没有预约修车的习惯，导致很多汽车维修服务企业每日来店服务的台次很不均衡。正是由于这些不均衡和不可预计情况，导致要么是没车来修，要么是紧张忙乱，而一旦忙起来，就有可能出错。

【任务分析】

由于服务特有的即时生产即时消费的特征，不可避免地在服务过程中会出现失误。这些服务失误如果不提前做好解释，就可能转化为客户抱怨，甚至投诉事件。所以，在处理客户抱怨的时候，要从公司的长远角度来考虑，严格按照快速处理、客户优先、适当补偿原则来处理。

【相关教学知识】

由于汽车维修服务人员较多，服务时间也很难确定，所以在维修服务过程中，有些环节不可避免地会出现服务失误，而抱怨行为正是客户对服务失误的一种表现形式。

一、抱怨产生的原因以及客户反应

1. 可能导致客户抱怨的行为

客户对企业的抱怨多数源于服务失误，常见的服务失误主要包括：

1）维修质量差。
2）维修过程中发生意外或故障。
3）交车时错认客户，疏忽早先对客户的服务承诺。
4）在订购备件时品种或到货时间出错。
5）让客户久等（含交货期）。
6）客户期望得到良好服务或其他利益的希望破灭。
7）服务顾问沟通技巧差。
8）服务顾问介绍服务项目错误。
9）不重视客户的抱怨。
10）服务价格过高。
11）不是原来的服务顾问交车。
12）价格超出报价但没有事先通知客户。
13）交车时不给客户看旧件。
14）服务顾问不知道停车位。
15）服务顾问对客户的要求含糊其词。
16）交车时不向客户解释发票内容。

2. 当出现服务失误时，客户的反应

当企业服务失误时，客户可能采取的措施如图7-4所示。

图7-4 客户遇到服务失误时可能采取的措施

通过图7-4可以看到，当客户准备对企业的服务失误采取措施时，至少有3种方式可以选择：

（1）采取公开形式的措施 主要包括向服务顾问提出抱怨、向公司管理部门投诉、向消费者协会投诉、向汽车制造厂家投诉、媒体曝光、提起法律诉讼等。

（2）采取私人形式的措施 主要包括客户选择其他汽车维修服务企业、对该企业的服务进行负面传播（如将自己不愉快的服务经历采用口头或网络的形式告知他人）等，从而影响企业的服务形象和客户消费群体。

（3）不采取措施

3. 理解客户对服务失误的反应

一旦企业出现服务失误，一线的处理人就是服务顾问。事实上，客户遇到服务失误，通过抱怨的形式来表达不满是可以理解的。从长远服务的角度而言，客户的抱怨行为符合矛盾论，这是因为如果服务顾问能够很好地解决客户的抱怨，这位客户往往容易成为企业的忠诚客户；反之，如果存在服务失误，客户虽然没有抱怨，但服务顾问不能主动地去进行服务补救，而采取漠视或逃避的方式来处理，企业就很有可能失去这位客户，并可能带来更大的负面影响。

（1）并不是所有的客户都会把抱怨表现出来　客户抱怨是企业获得客户对服务评价的重要渠道之一。通过处理客户抱怨，服务顾问能够发现服务的不足之处，从而进一步提高服务水平。有关的研究显示，只有5%～10%的不满意客户会对服务顾问进行抱怨。

（2）为什么有些客户不抱怨　很多客户在汽车维修服务企业对服务不满意时，往往不愿意向服务顾问表达抱怨的行为，很多时候只是发发牢骚而已。在有些客户看来，即便是抱怨，往往也于事无补。在他们看来，如果抱怨得不到解决，而由于某种原因不得不继续和企业打交道，倒不如选择沉默——除非服务失误所造成的损失超过了他们的底线。

（3）客户为什么要抱怨　客户采取抱怨行为的主要目的是：

1）希望获得赔偿或补偿。一般来说，客户希望能够通过抱怨挽回经济损失，例如要求折扣、退款、赔偿、重新服务或提供免费服务等。

2）发泄心中的不满。一些客户通过抱怨来重塑其自尊或发泄怒火。当服务顾问在服务时行为粗鲁、故意威胁客户、明显不关心客户的需求，或客户感到自尊心、自我价值严重受到伤害时，就会非常生气，情绪化严重。

3）帮助企业提高绩效。有些客户希望通过抱怨，引起企业的关注，使企业能够改善服务质量，提高服务绩效，从而避免再次遇到此类问题。

4）利他的原因。一些客户受到利他主义原因的驱动，他们对企业提出抱怨是希望其他客户能够避免重复经历同样的问题，如果这些客户提出的问题没有受到高度重视，他们将会感到很失望。

二、处理抱怨的原则

1. 快速行动

时间拖得越久越会激发抱怨客户的愤怒，同时会使问题变得不易解决，所以，及时处理是获得客户原谅的基础。

2. 真诚地表示歉意

不要为自己的服务失误进行辩解，在很多时候失误是很难避免的，出现失误后真诚地向客户表示歉意更容易获得客户的谅解。

3. 先处理情绪，再处理事情

意料之外的服务失误，不可避免地会给客户带来很多的麻烦。由于这一原因，客户产生一些不满的情绪是可以理解的。服务顾问在进行服务补救时，要先行安抚客户愤怒的情绪，理解客户的感受，创造良好氛围，待客户情绪稳定后再提出解决问题的方案。

4. 不要与客户争论

服务顾问的目标是收集事实，然后与客户达成双方满意的解决方案。因此，不要与客户争论，要冷静地倾听。

5. 要从客户的角度来看问题

服务顾问要从客户的角度来观察和理解服务失误给客户带来的不便，尽量避免根据自己的想法妄下结论。

6. 提出明确的解决方法

服务顾问要明确地告知客户解决问题的方法，即便不能立即确定方案，也要告诉客户企业解决问题的诚意和计划。如果问题的解决取得了进展，也要及时地向客户通报。

7. 考虑适当补偿

当客户没有享受到他们付费的服务，以及由于服务失误造成巨大的不便或损失大量的时间和金钱时，提供经济补偿或者等价的服务作为补偿是十分必要的，这样可以减少客户流失或危机进一步恶化的风险。

8. 挽回客户继续购买服务的意愿

如果客户对企业的服务已经失望了，对服务顾问而言，最大的挑战就是保持客户对企业的信心，以便维护未来的关系。服务顾问要努力减少客户的怒气，并使客户确信企业在采取措施以避免问题的再次发生。有时候，出乎意外的补救努力可以有效地构建忠诚度，产生客户正面的口碑。在客户抱怨得到解决之后，一些小礼物会给客户带来意外的感受，从而有利于企业客户群的扩大。

9. 自我检测及追求卓越

服务顾问处理完客户抱怨后，要仔细检讨服务失误是偶然发生还是由于企业内部流程的缺陷导致的。如果是内部流程缺陷，要及时通过企业内部的反馈系统进行反映，以便企业尽快地弥补这样的缺陷。

三、处理抱怨的技巧

服务顾问进行服务补救时，应适当地运用一些技巧，这对于问题的解决是十分必要的。

1. 理解发现法

由于服务顾问自身的因素所导致的异议（如经验不足、沟通不够、服务不到位、客户理解偏差等而引发的反对意见），可以采用理解发现法来解决。理解发现法多适合于分析型或合作型的客户，其处理客户抱怨流程如图 7-5 所示。

当客户提出异议或抱怨之后，服务顾问首先要争取缓冲的时间，并确定客户的问题是什么。客户的问题通常可以采用 3 种方法来获得：

（1）重复　当客户提出问题时，可以复述客户的问题，一方面表示了对客户的尊重，另一方面表明听清楚了客户提出的问题，并使客户能够有时间加以补充。

（2）澄清　在很多情况下，客户有时并不会清晰地表示抱怨，他们提出的问题往往是含糊的，通过反问可以明确客户的真实意见，取得缓冲以对需要回答的问题进行澄清和证实。

（3）探寻　在很多情况下，不同的客户可能会对同一问题提出抱怨，而导致这一抱怨的原因是不同的。服务顾问要设法了解客户抱怨的真正原因，才能有效解决客户抱怨。

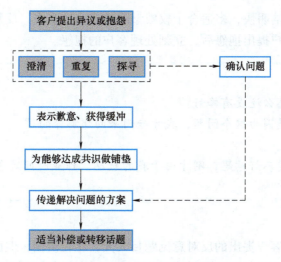

图 7-5　理解发现法处理客户抱怨流程

确认问题后,服务顾问首先要对客户抱怨表示歉意,目的在于缓解客户的对立情绪,不要急于针对客户的抱怨提供解决的方案。服务顾问提出解决方案之前要注意进行适当的铺垫,以便提出服务补救的方案后客户能够顺利地接受。

对抱怨的处理可以采用确定或转移的方式来进行,对服务补救方案的传递要注意留有余地。要注意公平地提出解决问题的方案,不要有意地去辩解失误的原因,因为这些无助于问题的解决,且客户对这样的辩解并不关心。在对客户的抱怨进行服务补救时,应有意地引导客户向有利于服务顾问进一步说明的方向来考虑问题,这样才能使服务补救成为下一次服务销售的机会。

> 话术示范:
> 客户:"维修费怎么这么高?"
> 服务顾问:"费用高?您是指哪一方面?"
> 客户:"你接车的时候告诉我大概需要2300元,怎么现在看来要花3200元?这不是骗人吗?"
> 服务顾问:"真是太对不起了,由于我的失误让您误会了。"
> 客户:"没关系,这究竟是怎么一回事?"
> 服务顾问:"是这样的,刚才在检修的时候,又发现了一个故障,我专门和您沟通过,但是我没有把费用变化的情况和您讲清楚,真是太对不起了。"
> 客户:"原来是这样,可你怎么不早点和我讲。"
> 服务顾问:"真是对不起,这是我的疏忽,您下次再来时不会出现类似的情况了。"
> 客户:"但愿如此。"
> 服务顾问:"这是我们公司的一个小礼品,请您收下,也算是我的一点小小心意。"

2. 反复法

面对客户的抱怨,有些情况下可以把抱怨的理由作为进一步解释的因子。反复法的流程是当客户提出抱怨后,立即跟进,用明确的话题吸引客户的注意,提出问题的解决方案。反复法处理问题的方式简洁明快，多适合于权威型或表现型的客户。反复法的正确实施源于充分的作业前准备，当客户提出抱怨后，立刻处理客户的抱怨。

> 🎤 **话术示范：**
> 客户："我的车怎么还没有修好？"
> 服务顾问："正是因为这个问题，我才专门来向您解释的。"
> 客户："是吗？"
> 服务顾问："真是不好意思，刚才由于我的疏忽，作业时间延长我也没有及时和您打招呼。"

3. 反射法

在服务过程中，当客户提出的反对意见题目太大，比较模糊，但由于某种原因，服务顾问不便询问时，可以采用反射法。反射法可以让客户对所提的问题做出进一步的解释，一方面使得客户的反对意见得到补充，使服务顾问弄清楚客户的真实意图，另一方面为服务顾问能做出进一步解释取得缓冲的时间。

> 🎤 **话术示范：**
> 客户："你们的服务真是太差劲了。"
> 服务顾问："服务不好？您是指哪些方面？"
> 客户："刚才我在休息室等了半天也没有人招呼我……"

🔧【任务实施】

以学习小组为单位，根据客户抱怨处理的原则和技巧制订详细的客户抱怨处理工作计划，每组分别选出两名学生作为服务顾问和客户，通过角色扮演，结合课程内容对"抱怨处理"环节进行情景模拟演练。通过抱怨处理的演练，使学生了解客户抱怨处理的原则和技巧。

💬【评价反馈】

一、学习效果评价

1. 客户抱怨相关接待工作人员带着情绪上班。（　　）
   A. 正确　　　　　B. 错误　　　　　C. 无所谓
2. 客户到店投诉，服务顾问第一步要做的是（　　）。
   A. 安抚客户情绪　　　　　　　B. 倾听客户意见
   C. 界定抱怨责任归属　　　　　D. 了解客户目的

二、学习过程评价

结合学习任务，小组选派1名代表展示制订的客户抱怨处理的工作计划，其他小组的成员对该小组的分工合作、话术设计、团队精神等进行点评。

学习情境 7　回访与关怀

教师组织各组选派代表情景模拟客户抱怨处理的工作流程，并根据演练流程、规范用语及礼仪标准等结合客户抱怨处理的原则和技巧进行评价。

本任务的学习评价表见表 7-15。

表 7-15　客户抱怨处理工作评价表

服务顾问姓名：			班级：		
序号	评 价 项 目	分数/分	任 务 评 价		
			学生自评	小组互评	教师评价
1	明确工作任务，理解任务在企业中的重要程度	10			
2	能够制订合理的抱怨处理工作计划	10			
3	熟悉客户抱怨产生的原因	10			
4	能够掌握客户抱怨处理的原则和技巧，解决客户的抱怨	20			
	合计	50			
综合评价（评语）					
	礼仪规范				
	沟通技巧				
	流程操作				
	评价等级		☆　☆　☆　☆　☆		

任务 4　投 诉 处 理

【任务目标】

1. 了解投诉的危害和好处。
2. 熟悉投诉处理的原则和技巧。
3. 能处理一般性投诉事件。

【任务导入】

对于投诉事件而言，没有哪个服务顾问愿意自己经常遇到此类问题，但是没有服务顾问能够回避这个问题。一个服务顾问如果想成长起来，学会处理投诉事件是一条必经之路。

【任务分析】

能否有效地处理投诉事件、将客户投诉转化为客户满意，直接反映企业的服务能力。

【相关教学知识】

一、投诉的含义

汽车售后服务具有服务周期长、涉及面广、客户诉求复杂多变的特点，在售后服务提供的过程中经常会遇到客户投诉的事件。投诉是客户对服务不满意，或认为自己的合法权益受

汽车维修接待实务

到侵害而向企业、政府或第三方管理机构提起投诉以期望讨回公道的行为,这是客户不满意的一种诉求性很强的表现形式。

二、投诉的危害

客户投诉的危害见表7-16。

表7-16 客户投诉的危害

对　象	危　害
对生产厂造成的危害	产生负面影响,影响品牌形象
对汽车维修服务企业的危害	1)影响企业的正常工作 2)降低汽车维修服务企业的利润
对客户的影响	增加客户心理和经济负担

三、投诉的原因

很多原因可能导致客户的投诉,从维修质量到汽车产品、从服务质量到服务承诺,每一个可能出现服务失误的地方都可能引起客户投诉。

对客户而言,投诉是维护自身权益的有效手段,随着人们消费理念的不断成熟,越来越多的客户在对服务不满意的时候都会选择投诉的方式来维护自身的合法权益。虽然投诉事件对于汽车维修服务企业而言只是个案,但是它带来的危害性却不容忽视。如果不能妥善地处理投诉事件,不仅会导致客户流失,还会给企业带来严重的负面影响。

四、投诉的好处

1)有效处理投诉可以将投诉所带来的不良影响降至最低点,从而有效地维护企业的自身形象。

2)有效处理投诉可以挽回客户对企业的信任,使企业的良好口碑得到维护和巩固。

客户投诉研究数据见表7-17。

表7-17 客户投诉研究数据

	会回来	不会回来
不投诉的客户	9%	91%
投诉没有得到解决的客户	19%	81%
投诉过,问题得到解决的客户	54%	46%
投诉被迅速解决的客户	82%	18%

客户投诉是每一个企业都会遇到的问题,它是客户对企业管理和服务不满的表达方式,也是企业有价值的信息来源,为企业创造了许多机会。因此,如何利用处理客户投诉的时机而赢得客户的信任,把客户的不满转化为客户的满意,锁定他们对企业和产品的信任,获得竞争优势,已成为企业营销实践的重要内容之一。

五、投诉的种类

按照投诉原因的不同,可以把投诉分为以下几种:

(1) 汽车产品本身的质量投诉　因汽车产品本身存在缺陷或车辆由于其他原因出现功能性障碍,而使客户产生不满情绪,引起的客户投诉。

(2) 服务质量投诉　汽车产品服务是长时间、多人员、多项目的服务,在整个复杂的服务过程中即使是在一个环节出现沟通不够或服务态度不良,也会导致客户投诉。

(3) 维修技术投诉　汽车是科技含量很高的消耗性产品,需要专门的技术人员提供服务,由于维修技术不到位导致故障不能一次性排除,甚至多次都不能得到解决,从而导致客户投诉。

(4) 备件质量投诉　汽车产品的备件门类多、品种多,配件质量的不稳定易出现索赔情况,若不能及时处理,会导致客户投诉。

(5) 服务价格投诉　由于客户对市场行情不甚了解,服务价格高于客户的预期,而同时服务顾问没有做好沟通工作,会导致客户投诉。

(6) 客户另有企图的恶意投诉　少部分客户单方面恶意扩大事态或被竞争对手利用,企图获得更多利益或达到其他目的的投诉。

图7-6所示为汽车行业客户投诉的主要环节。图7-7所示为汽车服务质量问题投诉构成。

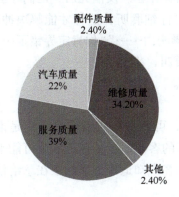

图7-6　汽车行业客户投诉的主要环节

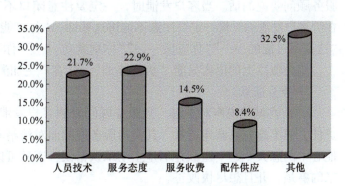

图7-7　汽车服务质量问题投诉构成

六、客户投诉诉求

汽车客户投诉的诉求通常有5种,如图7-8所示。

七、投诉处理的原则

企业对客户投诉的处理好坏直接显示企业的服务能力的高低。在投诉处理过程中,要把握如下原则:

1) 先处理心情,再处理事情。客户在开始陈述其不满时,往往都是一腔怒火,这时候如果马上处理,并不利于事情的解决,应在倾听过程中不断地表达歉意,同时允诺事情将在最短时间内解决,从而使

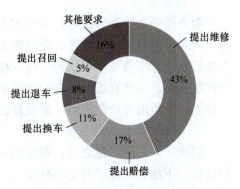

图7-8　汽车客户投诉的诉求

客户逐渐静下来。等客户怒火平息后，认真仔细地了解实情的真相，进行处理。

2）不回避。发生问题后，不能采取回避的态度，因为回避只能将问题搁置且得不到解决，还有可能发生其他的意外，更不利于事情的解决。

3）第一时间处理。当发生投诉问题后，使问题得到尽快的解决是最有效的方法。

4）找出原因，控制局面，防止节外生枝、事态扩大。汽车企业要针对客户投诉，迅速查找出引起他们不满的真实原因，才能在处理过程中做到心中有数，有的放矢。许多客户往往故意夸大自己的不满意，以求"同情"，实现自己的"目的"。如某客户汽车空调出现问题，他在陈述中就说汽车是多么耗油，即机械性能多么欠佳等，这时就需要服务顾问在倾听过程中准确判断客户的"真正"不满之处，有针对性地进行处理，从而防止节外生枝，事态扩大。

5）必要时请上级主管参与，运用团队的力量解决问题。

6）在投诉处理过程中，服务顾问不要作职权外的承诺，涉及赔偿问题时，要把握诚意道歉、适当让步、合理赔偿的原则。

八、投诉处理流程

1. 让客户发泄

不先了解客户的感觉就试图解决问题是难以奏效的，只有在客户发泄完后，他们才会听服务顾问要说的话。当客户发泄时，一定要注意闭口不言、仔细聆听，这样才能解决冲突。在听客户发泄的时候一定要注意不能讲这些话："你可能没弄明白……""你肯定弄错了……""这是不可能的……""你应该……""你别激动……""你不要叫，冷静一点……"等。

用类似以上的语言只能"火上浇油"，让客户更加激动。

2. 充分道歉

（1）真诚地说声对不起 当服务顾问看到客户发泄时，可能最先想到的是弄清是谁的责任，而不是先真诚地道歉。其实当服务顾问面对情绪不满的客户时，一句道歉就可能平息他心中的怒火。这个道歉并不是主动承认错误，道歉可以让客户知道服务顾问很在意给他带来的麻烦，并且想尽快改正。

（2）让客户知道服务顾问已了解了他的问题 等客户发泄完后，服务顾问要重复客户遇到的问题；如果有条件，可以拿纸和笔，边问边写。

3. 收集信息

服务顾问在收集信息时，要通过提问的方式来收集足够的信息，以便帮助对方解决问题。因为客户有时由于情绪太激动而省略了一些重要的信息，或恰恰忘了告诉服务顾问，因为他们认为这不重要。服务顾问可以提一些了解身份的问题、描述性的问题，或者提一些澄清性的问题，一些有答案可选的问题来更详细地了解客户所遇到的问题，同时在提问之后，一定要认真听取客户的回答，避免自己过早下结论。

4. 给出一个解决的方法

明确了客户的问题之后，要拿出一个双方均可接受的解决方案。处理问题时千万不能一厢情愿，不然有可能"好心办坏事"，要让客户心情舒畅地接受解决方法。如果问题是服务顾问或者公司造成的，那么服务顾问可以运用补偿性关照。

5. 征求仍不满意的客户的意见

在解决问题的时候，服务顾问可以先提一些建设性的意见，如果客户仍不满意，应该征求他的意见，例如说："您希望我们怎么做呢？"。如果服务顾问有权处理，就应尽快解决；如果解决方案在服务顾问的权限范围之外，则应赶紧反映给上级，协商解决方案。

6. 跟踪服务

问题解决后，应通过电话、电子邮件或信函等方式，向客户了解其对解决方案是否满意，是否还有其他问题。如果服务顾问与客户联系后发现他（她）对解决方案不满意，则要继续寻求一个更可行有效的解决方案。在跟踪服务过程中，可以强调对客户的诚意，从而打动客户，这也能够增加客户的忠诚度。

投诉处理流程如图 7-9 所示。

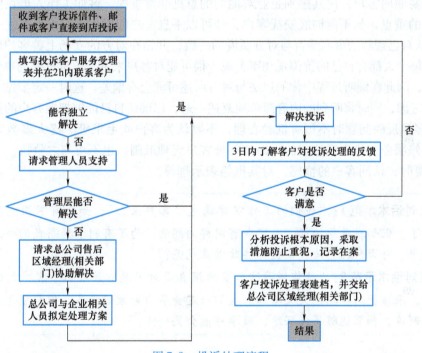

图 7-9 投诉处理流程

九、投诉处理的技巧

巧妙地处理投诉、化解客户的不满情绪是客户服务的重要手段。

1. 稳定客户情绪、防止意外状况的技巧

处理投诉最关键的环节是稳定客户的情绪，可以运用以下技巧：

（1）表示歉意　不管投诉是由于什么原因，都给客户带来了很大的不便，因此，在解决问题前表示歉意是十分必要的。

（2）让客户放松　当客户情绪激动的时候，首先让客户放松下来，可以让客户坐下，并端上茶水，然后让客户慢慢讲，从而起到稳定情绪的作用。

（3）不争辩　站在客户的角度而言，投诉是不得已而为之。当客户反映问题时，如果与他们发生争论不仅不利于问题的解决，反而可能进一步激化矛盾，扩大冲突的范围。

汽车维修接待实务

（4）换时、换地、换人　当投诉的问题比较严重时，可以采用换时、换地、换人的方法，减少冲突，避免激化矛盾，将事态控制在合理的范围内。首先是变更应对的人，必要时请出主管、经理或其他领导，从而让对方看出你的诚意。其次是变更场所，尤其对于感情用事的客户而言，变更场所较能让客户恢复冷静。最后应注意不要马上回答，要以"时间"换取冲突冷却的机会。服务顾问可以告诉客户："我回去后好好地把原因和情况调查清楚，一定会以负责的态度处理好这件事情。"这种方法能获得一定的冷却期，尤其是客户所投诉的是难以处理的问题时，应尽量利用这种方法。

（5）转移话题　对于某些一般性的投诉，可以采用转移话题的方法来调节客户的情绪。

2. 与客户交谈的技巧

1) 以诚恳、专注的态度来听取客户对汽车产品、服务的意见，听取他们的不满和牢骚。倾听中要面向客户，使其感到企业对他们的意见非常重视，譬如工作人员在倾听时应记录客户所说的重点，虽不能彻底安抚客户，却可以平息客户的怒火，防止事态进一步扩大。

2) 确认自己理解的事实是否与对方所说的一致，并站在对方的立场上替客户考虑，不可心存偏见。每个人都有自己的价值观和审美观，很可能对客户来讲是非常重要的事情，而你却感到无所谓，因此在倾听过程中你的想法与对方所述可能会有偏差。这时一定要站在客户的立场上替客户考虑，同时将听到的内容简单地复述一遍，以确认自己能够把握客户的真实想法。

3) 听客户反映问题时不可有抵触心理，不要认为客户吹毛求疵。绝大多数客户的不满都是因为维修服务工作失误造成的，即使部分客户无理取闹，也不可与之争执。

4) 必要时，认同客户的情感，对其抱怨表示理解。

> 🔧 **应对话术示范1**："我们的工作宗旨就是'客户至上'，如今有不周到的地方真是太抱歉了。假如我是您的话，一定会有同样的想法。为了有利于提高我们今后的服务质量与水平，可否拜托您给我们提一些改进意见呢？"
>
> 🔧 **应对话术示范2**："给您增添这么多麻烦真是对不起！最近由于客户们的安全意识提高了，来维护的车辆也大大增加。我们一定会尽力地做好服务，但希望您最好还是利用预约制度，如果能够早点联络，效率可能会高一点。"

🔧【任务实施】

以学习小组为单位，根据投诉处理流程和技巧制订详细的客户投诉处理工作计划，并根据工作计划，进行一场客户投诉处理情景演练。通过演练，使学生了解投诉处理的工作流程和技巧。

💬【评价反馈】

一、学习效果评价

1. 处理投诉有什么好处？

2. 投诉处理的原则有哪些?

3. 投诉处理的技巧是什么?

二、学习过程评价

结合学习任务,各小组选派 1 名代表展示制订的客户投诉处理的工作计划,其他小组的成员对该小组的分工合作、团队精神等进行点评。

教师组织各组选派代表情景模拟客户投诉处理的工作流程,并根据流程演练情况结合投诉处理的相关内容进行评价。

本任务的学习评价表见表 7-18。

表 7-18 客户投诉处理工作评价表

服务顾问姓名:			班级:		
序号	评 价 项 目	分数/分	任 务 评 价		
			学生自评	小组互评	教师评价
1	明确工作任务,理解任务在企业中的重要程度	10			
2	能够制订合理的投诉处理工作计划	10			
3	熟悉客户投诉产生的原因	10			
4	正确判断客户投诉诉求方式	10			
5	能够掌握客户投诉处理工作的原则、流程和技巧,解决客户的投诉	20			
	合计	60			
	综合评价(评语)				
	礼仪规范				
	沟通技巧				
	流程操作				
	评价等级		☆ ☆ ☆ ☆ ☆		

参 考 文 献

[1] 郑超文,张红梅. 汽车维修接待实务 [M]. 北京:北京出版社,2014.
[2] 王彦峰,杨柳青. 汽车维修服务接待 [M]. 北京:人民交通出版社,2012.
[3] 段忠礼,张揩挑. 汽车服务接待实用教程 [M]. 北京:机械工业出版社,2010.
[4] 曾鑫. 汽车维修业务接待 [M]. 北京:机械工业出版社,2013.
[5] 林月明,郑志中. 汽车售后服务实务一体化项目教程 [M]. 上海:上海交通大学出版社,2012.
[6] 吴敬静. 汽车售后服务与管理 [M]. 北京:机械工业出版社,2015.
[7] 赵苑,刘茜. 汽车维修接待实务 [M]. 北京:北京理工大学出版社,2018.
[8] 孙蕊. 汽车客户关系管理 [M]. 北京:北京理工大学出版社,2018.